reinhardt

Astrid McCornell

Wo sich Huhn und Eule gute Nacht sagen

Tiergeschichten
zum Vorlesen bei Demenz

Ernst Reinhardt Verlag München Basel

Astrid McCornell, Hamburg, Krankenschwester mit Ausbildung in Validation (nach N. Feil) und Dozentin, ist seit vielen Jahren in der Pflege, vorwiegend im ambulanten Bereich, tätig. Weitere Informationen finden Sie unter http://www.irmchen-und-maria.de.

Bibliografische Information der Deutschen Nationalbibliothek

Die Deutsche Nationalbibliothek verzeichnet diese Publikation in der Deutschen Nationalbibliografie; detaillierte bibliografische Daten sind im Internet über <http://dnb.d-nb.de> abrufbar.

ISBN 978-3-497-02478-0 (Print)
ISBN 978-3-497-60181-3 (E-Book)

Printed in Germany
Covergestaltung unter Verwendung von Motiven von:
© sval7 / inna_astakhova / poplasen – alle Fotolia.com
Satz: FELSBERG Satz & Layout, Göttingen

Ernst Reinhardt Verlag, Kemnatenstr. 46, D-80639 München
Net: www.reinhardt-verlag.de E-Mail: info@reinhardt-verlag.de

Inhalt

Vorwort und Dank

Herzlich willkommen, schön, dass Sie hereinschauen! Bevor Sie mit dem Vorlesen beginnen, möchte ich Sie für einen Moment um Ihre Aufmerksamkeit bitten. Damit Ihre Vorlesestunde ein schönes Erlebnis wird, sollten Sie einige Praxis-Tipps berücksichtigen.

1. Lesen Sie die Geschichte zunächst einmal durch.
2. Entscheiden Sie dann, wie lange Sie vorlesen möchten, welche Fragen, im Text gekennzeichnet mit [?] Sie stellen und welche Aktionen, im Text gekennzeichnet mit [!], Sie durchführen möchten.
3. Grundsätzlich gilt: Je schwerer die Demenz ausgeprägt ist, desto kürzer die Lesezeit. Sie können die Geschichten in zwei oder mehr Teile unterteilen. Weniger ist mehr! Beschränken Sie sich auf wenige Fragen und evtl. nur eine Aktion.
4. Wenn Sie sich für eine Aktion entscheiden, legen Sie zuvor das benötigte Material bereit.
5. Sie können einer Einzelperson vorlesen oder auch Gruppen. Sehr schön ist es in einer kleinen Gruppe von 5–6 Zuhörern.
6. Stellen Sie sich den Zuhörern vor und begrüßen Sie jeden persönlich. Nehmen Sie eine zugewandte Körperhaltung ein und stellen Sie sicher, dass Sie jeder hören und sehen kann.

7. Lesen Sie langsam, laut und deutlich vor, so dass Ihre Zuhörer gedanklich mitgehen können.
8. Verdeutlichen Sie Gelesenes mit Gestik und Mimik oder auch mit Gegenständen.
9. Lassen Sie Ihren Zuhörern Zeit, ihre Gedanken und Gefühle zu sortieren und diese auszudrücken.
10. Wertschätzen Sie jede Form der Kommunikation, auch wenn diese für Sie manchmal „keinen Sinn“ ergibt.
11. Wenn eine der gestellten Fragen Sie selbst anspricht, so zögern Sie nicht, aus Ihrem eigenen Leben zu erzählen. Das Thema „Liebe“ ist generationsübergreifend und kann zu einem regen Austausch führen.
12. Beenden Sie die Lesung nicht abrupt. Nehmen Sie sich ausreichend Zeit, bei vielen Zuhörern schwingen die Emotionen nach, und häufig wird nach der Geschichte noch ein Gesprächspartner benötigt.
13. Und zu guter Letzt: Haben Sie Spaß an den Geschichten, machen Sie es nicht kompliziert! Mein Lieblingssatz ist: KEEP IT SIMPLE! Das gilt für alles in der Demenzbetreuung. Sie können die Geschichten auch einfach durchgängig vorlesen, das macht auch Spaß.

Ich möchte mich bei allen Menschen bedanken, die meine Idee von „Irmchen und Maria“ unterstützt haben. Ihr habt mir Mut gemacht.

Ich möchte mich bei allen Menschen bedanken, die meine Idee für verrückt hielten. Ihr habt mich stark gemacht.

Ich wünsche Ihnen viel Freude mit diesem Buch.

Hamburg, Juli 2014 Astrid McCornell

Irmchen und Maria

Es war einmal eine Eule, die lebte in einer uralten Kastanie. Der Name der Eule war Irmchen. Irmchen war schon in ihrem 80. Lebensjahr und plagte sich mit den verschiedenen Zipperlein des Altwerdens. An einem sonnigen Sonntagabend erwachte Irmchen. Sie hatte wunderbar geschlafen. Das Rauschen der Kastanienblätter im Wind war ihr schönstes Schlaflied. Still bedankte sie sich bei ihrer alten Freundin, der Kastanie, für das Lied und den erholsamen Schlaf. Langsam erhob sie sich von ihrem Lager und trat vor ihre Behausung. Sie wollte ihre Flügel recken und strecken, doch hatte sie glatt den Rheumatismus im linken Flügel vergessen. Als sie den linken Flügel reckte, stieß sie einen spitzen Schrei aus.

[?] Fragen: Wer kennt das? Wenn man aufsteht, wo tut es dann weh?
Wer hatte eine Kastanie zu Hause? Wer kennt noch andere Baumarten? Ist 80 alt oder jung?

[!] Aktion: Kastanienblatt, Kastanie herumreichen, weitere Baumfrüchte herumreichen, vergleichend fühlen, riechen und beschreiben.

„Verdammter Rheumatismus", schimpfte Irmchen, und „blöde Vergesslichkeit." Ja, auch weise alte Eulen sind vergesslich. Irmchen reckte den linken Flügel nun weitaus vorsichtiger in den Abendhimmel.

> Aktion: Alle einmal den linken Arm recken!

Sie verspürte einen leichten Appetit auf ein kleines bis mittelgroßes Mäuschen. Aber ans Fliegen war mit dem rheumatischen Flügel heute nicht zu denken. Seufzend setzte sie sich auf ihren Lieblingsast. Sie beklagte sich ein wenig bei ihrer alten Freundin, der Kastanie, über die Ungerechtigkeit von Rheumatismus-Erkrankungen. Aber satt wurde sie davon auch nicht. Ganz im Gegenteil, ihr Magen knurrte nun laut und hörbar. „Ich brauche Hilfe", sagte Irmchen, „alleine schaffe ich es heute nicht." Sie dachte lange und gründlich darüber nach, wer ihr aus der misslichen Lage heraushelfen könnte.

> Fragen: Kennen Sie solche Tage, an denen man vergesslich ist? Wie ist es, wenn man merkt, es geht nicht mehr alleine? Wer hat Ihnen dann geholfen? Nachbarn, Familie, Freunde?

Irmchens Mann war schon vor 10 Jahren verstorben. Sein Name war Hans gewesen und sie hatten gemeinsam ein schönes Eulenleben gehabt. Ihre beiden Töchter, Lisa und Lotte, waren schon lange aus der Höhle. Die eine hatte einen Eulerich aus dem Westfälischen geheiratet und war mit ihm dorthin gezogen. Die andere hatte der Habicht geholt. Irmchen seufzte nochmals. Sie vermisste ihre kleine Eulenfamilie und fragte sich, wo die Zeit geblieben war.

> Fragen: Wo ist Ihre Familie? Ist die Zeit nicht schnell vergangen? Haben Sie Kinder? Haben Sie Familienmitglieder verloren?

Aber auch dieser Gedanke machte sie nicht satt. Ihr Magen knurrte nur noch lauter. Sie ging in Gedanken ihre Nachbarschaft durch. Die Kastanie stand etwas abseits eines alten Bauernhauses. Es lebten nur noch wenige Tiere dort. Die Besitzer des Bauernhauses waren mit der Eule gemeinsam alt geworden. Die Bäuerin hielt sich nur noch einige Hühner. Irmchen beschloss, es dort zu versuchen. Mit allergrößter Vorsicht segelte sie zu Boden. Sie stöhnte leise auf, der linke Flügel war heute eine Katastrophe. Irmchen machte sich zu Fuß auf den Weg zum Hühnerstall. Auf dem Weg dorthin hoffte sie inständig, dass einige der Hühner noch wach waren, denn leider stehen Hühner sehr früh auf und gehen beizeiten zu Bett.

> Aktion: Welche Redewendung verbirgt sich hier? (Mit den Hühnern aufstehen, mit den Hühner zu Bett gehen). Weitere Sprichworte zum Tagesablauf finden, z.B. früher Vogel fängt den Wurm.

Sie klopfte an die Tür des Hühnerstalls. Eine warme Stimme rief ein freundliches „Herein." Irmchen trat in den dämmerigen Stall. Alle Hühner hatten sich bereits zum Schlafen niedergelegt. Alle, bis auf eines. „Tritt näher", sagte die freundliche Stimme. „Mein Name ist Maria", sagte das Huhn, „und ich bin blind."

Fragen: Hatten Sie auch Hühner zu Hause? Wer ist auf dem Bauernhof aufgewachsen? Wer war während des Krieges auf dem Land?

Aktion: Gekochtes Ei herumreichen, Ei-Stücke zum Probieren.

Aha, dachte sich das weise Irmchen, nun weiß ich auch, warum sie noch wach ist. „Ich bin Irmchen", stellte sich Irmchen vor. „Ich wohne in der Kastanie beim Bauernhof. Und ich bin eine Eule" fügte sie noch hinzu. „Oh ja", sagte Maria, „ich kenne dein Rufen. Wenn du rufst, dann weiß ich, dass es Zeit zum Schlafen ist. Heute hast du noch nicht gerufen. Ist es schon Zeit zum Schlafen?", fügte sie leicht verwirrt hinzu. „Ich habe glatt vergessen zu rufen", gab Irmchen zu, und erklärte Maria die Sache mit dem rheumatischen linken Flügel.

Fragen: Wer weiß, wie eine Eule ruft?

Aktion: Alle gemeinsam wie eine Eule rufen.

„Und ich habe furchtbaren Hunger", klagte Irmchen am Ende ihres Berichtes. „Bestimmt haben wir genug Körner übrig", sagte Maria und wies mit dem Flügel in eine vage Richtung. „Bitte bediene dich einfach." „Oh je", dachte Irmchen und vor ihrem geistigen Auge erschien eine besonders dicke Maus. „Maria", sagte sie vorsichtig, „ich bin eine Eule und esse keine Körner." „Aber natürlich", sagte Maria und haute sich mit dem Flügel gegen die Stirn, „manchmal habe ich echt ein Spatzenhirn. Ich weiß, wo es Regenwürmer gibt. Würde dir das weiterhelfen?"

[?] Fragen: Wer weiß, was ein Spatzenhirn ist? Woher kommt die Redewendung? Welche Sprichworte gibt es mit Tieren? Z.B. wenn dem Esel zu wohl wird geht er aufs Eis.

Irmchen strahlte. „Aber ja!", rief sie. „Immer der Nase nach", freute sich Maria mit ihr und gemeinsam machten sie sich auf den Weg zum Misthaufen. Dort hatte der Bauer zu Lebzeiten eine schöne Regenwurmzucht angelegt. Denn Angeln war seine Leidenschaft gewesen.

[?] Fragen: Wer angelt auch gerne? Kann einer Anglerlatein erzählen? Wer war mit einem leidenschaftlichen Angler verheiratet?

[!] Aktion: Alle mal die Arme recken und zeigen, wie groß der größte Fisch war, den man jemals gefangen hat.

Maria fand mit ihrer feinen Nase die dicksten Regenwürmer und legte sie ihrer neuen Freundin zu Füßen. Und Irmchen fraß sich so richtig satt „Kommst du morgen wieder?“, fragte Maria. „Das mache ich furchtbar gerne“, erwiderte Irmchen. Sie umarmten sich lange zum Abschied.

Fragen: Hatten Sie einen besten Freund, eine beste Freundin? Was haben Sie gemeinsam unternommen? Was bedeutet Ihnen Freundschaft?

Irmchen ging zurück zu ihrer Kastanie. Die Schmerzen im linken Flügel waren auf einmal kaum noch zu spüren. Elegant flog sie zu ihrer Baumhöhle hinauf. Oben angekommen rief sie ihr schönstes Eulenlied für ihre Freundin Maria. Und Maria kuschelte sich zufrieden in ihr Stroh. Sie dankte Gott für ihre feine Nase und schlief glücklich ein.

Die erste Liebe

Eines schönen Abends saßen Irmchen und Maria gemeinsam im Hühnerhof. Die Sonne ging langsam unter und wärmte das Gefieder der beiden Freundinnen. „Heute fühle ich mich sehr gut", sagte Irmchen. „Mein linker Flügel ist fast schmerzfrei. Ich glaube, ich habe Lust auf einen kleinen Ausflug." „Einen Ausflug?", fragte Maria. „Ja, einen Ausflug", bekräftigte Irmchen. „Wohin?", wollte Maria wissen und „wie sollen wir dorthin gelangen?"

[?] Fragen: Was war Ihr schönster Ausflug? Welchen Ausflug möchten Sie gerne wieder machen? Benennen Sie bekannte Ausflugsziele in der Nähe, fragen Sie wer schon dort war.

[!] Aktion: Planen Sie einen gemeinsamen Ausflug, stimmen Sie gemeinsam ab wohin, wann etc.

„Wir fahren zum Hafen", sagte Irmchen und „wir fahren mit der Bäuerin." Die hatte nämlich mittwochs immer ihren Einkaufstag in der Stadt und nahm zu diesem Zwecke den alten Hoflaster. „Eine verrückte Idee", sagte Maria, „wir machen es." Die beiden schlichen sich auf die Pritsche des Hoflasters und wenige Minuten später ging es auch schon los. Nach kurzer Fahrt gelangten sie in die

Stadt. Unten am Hafen gab es jeden Mittwoch einen großen Markt. Die Bäuerin parkte den Laster, und Maria und Irmchen hatten ihr Ziel erreicht. Vorsichtig schlüpften sie durch die Marktstände – vorbei an frischen Muscheln und altem Fisch.

> [?] Fragen: Wer kennt den Fischmarkt? Wer hat gerne auf dem Markt eingekauft?
>
> [!] Aktion: Wie wäre es mit einem Ausflug zum Wochenmarkt?

„Ich kann den Hafen riechen", rief Maria begeistert. „Ich war nicht mehr hier, seit ich ein junges Huhn war. Da ist mir eine ganz unglaubliche Geschichte passiert", fügte sie hinzu. „Ich liebe Geschichten", sagte Irmchen, „ich werde uns einen schönen Platz am Hafen suchen und du wirst sie mir erzählen." Damit war Maria überaus einverstanden. Sie suchten sich einen schönen Platz, etwas abseits des Marktgetümmels, auf einer sandigen Anhöhe. Irmchen konnte die Aussicht auf den Hafen genießen und Maria, die ja blind war, hatte nun freien Schnabel auf das Wasser, die Schiffe und den Wind.

> [!] Aktion: Lassen Sie Muscheln, Treibholz und Holzschiffe fühlen und beschreiben, lassen Sie Sand durch die Hände rieseln.

„Damals“, hob Maria an, „als ich noch ein junges Huhn war, mit einem Federkleid so weiß wie Schnee, einem Schnabel so rot wie Blut und Augen, die glitzerten wie Diamanten. Als das Leben noch so leicht war, wie eine Feder im Wind, die Füße flink und …“

> Fragen: Wie haben Sie sich gefühlt, als Sie jung waren? Als die Füße noch flink waren? Wie fühlen Sie sich heute?

„Komm zur Sache“, unterbrach sie Irmchen. „Ja doch. Also damals, als junges Huhn, hatte ich eine Menge Flausen im Kopf. Wollte was von der Welt sehen, mehr als nur den Hühnerhof. Also bin ich ausgerissen. Hierher zum Hafen bin ich gekommen. Hab mich hingesetzt und vom Leben in der Ferne geträumt. Als ich so träumte, machte ein großes Frachtschiff gleich vor meinem Schnabel halt. Es wurde laut und lebhaft. Männer verluden große Holzkisten aus dem Schiff. Die Männer waren wohl abgelenkt, denn eine Kiste viel vom Schiff herunter und zerbrach. Heraus kam der schönste und stolzeste Hahn, den ich jemals in meinem Leben gesehen habe.“

> Fragen: Ist auch jemand von Ihnen einmal ausgebrochen aus seinem Leben? Oder hat es sich gewünscht? Wer hatte einen Lebenstraum? Hat sich dieser erfüllt?

„Oh“, sagte Irmchen, „jetzt wird es spannend.“ „Der stolze Hahn schaute benommen aus der Wäsche. Lange war er in seiner Frachtkiste eingesperrt gewesen. Er schüttelte sich, sträubte sein prächtiges Gefieder in alle Richtungen und erblickte mich. Er strahlte über den ganzen Schnabel und kam geradewegs auf mich zu. ‚Gestatten, mein Name ist José‘, stellte er sich vor. ‚Ich bin mexikanischer Hahnenkampfmeister aller Klassen und soll hier meinen Titel verteidigen. Und wer bist du? Eine stolze Prinzessin deines Landes? Ein Edel-Huhn? Du musst eins sein, so schön wie du bist!‘ Glaub mir, mein Schnabel blieb mir offen stehen. So hatte noch nie jemand mit mir gesprochen.“

[?] Fragen: Wer erinnert sich an das erste Verliebtsein? Wo haben Sie Ihre große Liebe/Ihren Ehepartner kennengelernt?

[!] Aktion: Lassen Sie sich die Geschichten erzählen!

[?] Fragen: Wie haben Sie als junge Frau/junger Mann geflirtet? Womit hat Ihre große Liebe Sie beeindruckt? Wie riecht Liebe?

[!] Aktion: Rosenblüten riechen lassen.

[?] Fragen: Wie schmeckt Liebe? Süß wie Schokolade, bitter wie eine Pampelmuse?

[!] Aktion: Schokolade und Pampelmuse kosten lassen.

„Er lud mich sofort für den Wettkampf am Abend ein. Ich ging hin. Er kämpfte nur für mich, versicherte er mir und er siegte. Er ließ mich während des Kampfes nicht aus den Augen. Nach dem Kampf pflückte er mir Blumen und suchte uns eine wunderschöne Stelle zum Schlafen. Wir schliefen unter den Sternen. Er versprach mir ein Leben in Ruhm und Reichtum. Er sprach von Diamanten, die er mir schenken wolle, die so schön und so groß seien wie meine Augen. Ich solle nur ein wenig Geduld haben. Er müsse nur noch einige Wettkämpfe in einem weiteren Land bestreiten. Dann würde er mich holen und wir würden zusammen durch die Welt reisen. Wir verabredeten uns für den Abend in sieben Tagen. Dort sollte ich unter der großen Laterne am Hafen auf ihn warten."

[?] Fragen: Welches Lied verbirgt sich hier? („Lili Marleen") Kann das jemand vorsingen?

[!] Aktion: Gemeinsam Lili Marleen singen.

[?] Fragen: Wer kennt weitere Liebeslieder? Z. B. Zarah Leander: „Kann denn Liebe Sünde sein"?
Wer hat auch schon einmal unter den Sternen geschlafen? Am Strand, in den Bergen?

[!] Aktion: Foto eines Sternenhimmels betrachten lassen.

„Ich war pünktlich und wartete. Doch er kam nicht. Auch am nächsten Abend nicht und auch an keinem der darauf folgenden. Er kam niemals wieder." „Wie traurig", sagte

Irmchen. „Ja", sagte Maria, „typisch Seefahrer. In jedem Hafen ein anderes Huhn."

> [?] Fragen: Welches Sprichwort verbirgt sich hier? (In jedem Hafen eine andere Braut).
> Wer ist zur See gefahren? Wer hatte einen Seefahrer zum Mann? Wer hat Schiffsreisen unternommen?

„Schade, dass aus den Diamanten auch nichts geworden ist", meinte Irmchen. „Ach, was soll ich damit? Ich hab doch alles, was ich brauche. Einen schönen Stall, gute Körner, Sonnenschein, Wind und ein liebe Freundin. Das ist wahrer Reichtum!" Und so gingen die beiden zurück zum Laster, dankbar für ein Leben voll kostbarer Erinnerungen und dem kleinen Glück des Tages.

Ostern

Es war ein kühler Frühlingsabend, als Irmchen den Kopf in Marias Stall steckte. „Maria“, rief Irmchen, „bist du zu Hause?“ „Komm rein“, rief Maria, „ich zähle gerade Eier.“ Interessiert trat Irmchen in den Stall ein. Maria war damit beschäftigt, schöne weiße Eier von einem Heunest zum nächsten zu rollen. Sie tat das mit aller gebotenen Vorsicht und zählte dabei laut: „Fünf, sechs, sieben …“

[?] Fragen: Wer kennt einen Abzählreim? Z.B.: eins, zwei, drei, vier, fünf, sechs, sieben, wo ist meine Frau geblieben? Ist nicht hier, ist nicht da, ist wohl in Amerika! Ein Spiel mit Zahlen? Was ist die Lieblingszahl? Wer hat Mathematik gehasst?

[!] Aktion: Eier im Korb zählen lassen, anfassen und herumrollen. (Nehmen Sie gekochte!)

Irmchen verhielt sich leise, bis ihre Freundin fertig gezählt hatte. Aber dann sprudelten die Fragen nur so aus Irmchen heraus: „Maria, was machst du da? Warum zählst du heute die Eier?!“ „Weil wir bald Ostern haben. Und dann braucht die Bäuerin sehr viele Eier. Alle Hühner strengen sich mächtig an. Wie haben heute zehn Stück gelegt“, fügte Maria noch stolz hinzu. Irmchen, der die Feste und Bräuche der Menschen fremd waren, starrte Maria fragend an. „Also“, sagte Maria, „ich erklär dir Ostern. So gut ich es kann. Die Menschen haben ihren Kindern erzählt, dass es einen Osterhasen gibt. Und dieser Osterhase bringt den Kindern bunte Eier. Diese werden in Nestern versteckt und am Ostermorgen müssen die Kinder die Nester suchen. Warum allerdings ein Hase die Ostereier bringt, ist mir ein Rätsel“, fügte Maria noch hinzu.

[?] Fragen: Wer weiß, was es mit dem Osterhasen-Brauch auf sich hat? Wie haben Sie in der Kindheit Ostern gefeiert? Wie riecht Ostern, wie fühlt es sich an?

[!] Aktion: Stoffhasen, gekochte Eier, Plüschküken, frisches Gras oder Heu herumreichen. riechen und fühlen lassen.

„Hochgradig ungerecht“, befand Irmchen, „schließlich ist Eierproduktion Vogel-Angelegenheit. Ich finde, dieses Jahr sollten wir Osterhuhn und Ostereule spielen. Dieses Jahr verstecken wir die Eier. Wir pfeifen auf den Osterhasen!“ „Irmchen, du hast immer die tollsten Ideen“, strahlte Maria. „Was brauchen wir denn alles?“, fragte Irmchen. „Natürlich gekochte Eier, Farben und Stroh für die Nester“, antwortete Maria wie aus der Pistole geschossen. „Gekochte Eier gibt es bei der Bäuerin, Farben im Schuppen und Stroh gleich zu deinen Füßen. Das wird ein Kinderspiel.“ „Baust du uns die Nester aus Stroh?“ fragte Irmchen ihre Freundin. „Keine hat so einen geschickten Schnabel wie du“, fügte sie noch schmeichelnd hinzu. „Eine Kleinigkeit“, sagte Maria strahlend.

[?] Fragen: Haben Sie auch Osternester selbst gestaltet? Woraus? Wie wurde Ostern in Ihrer Kindheit gefeiert?

[!] Aktion: Gemeinsam Nester bauen. Als Flechtwerk, aus Filz oder Pappe. Erlaubt ist, was gefällt!

Und so legten die beiden los. Als erstes arbeiteten sie an den Nestern. Maria war eine wahre Künstlerin mit ihrem Schnabel und flocht die schönsten Osternester die der alte Bauernhof jemals gesehen hatte. Insgesamt bauten sie zehn Stück. Danach waren sie sehr müde. „Das muss reichen", sagte Maria, „ich kann nicht mehr. Für wen wollen wir denn Oster-Huhn und Oster-Eule sein?" „Für alle die, die uns am Herzen liegen", antwortete Irmchen schlicht. Das waren die Bäuerin, der Hofhund, sechs Hühner (allesamt Marias Freundinnen) und Irmchen und Maria selbst. So waren sie mit zehn Nestern perfekt vorbereitet. Nun kam die schwierige Aufgabe: Sie mussten von der Bäuerin zehn gekochte Eier stibitzen. „Am besten", meinte Irmchen, „ist es, wenn wir an jedem Tag nur ein Ei nehmen. Dann fällt es nicht so auf. Das können wir dann anmalen, und es kann trocknen."

[?] Fragen: Wer hat beim Bauern auch schon mal was stibitzt? In der schlechten Zeit, nach dem Krieg? Eier, Kartoffeln oder Äpfel?

Irmchen freute sich sehr auf die Aufgabe, die Eier anzumalen. Sie hatte eine Schwäche für Pinsel und Farben und bekleckste sich immer außerordentlich. Sie machten es, wie Irmchen es vorgeschlagen hatte. Vorsichtig rollten sie Tag für Tag ein Ei aus der Küche der Bäuerin in den Hühnerstall, Irmchen malte es mit Inbrunst an, und dann wurde es zum Trocknen gelegt.

[?] Fragen: Wie haben Sie Ihre Ostereier bemalt? Lieblingsfarben? Lieblingsmotive? Schmetterlinge, Küken oder Hasen, wie haben Sie Ihren Osterstrauch geschmückt?

[!] Aktion: Bemalen Sie gemeinsam Ostereier, gestalten Sie gemeinsam eine Osterstrauch-Dekoration.

Endlich waren alle zehn Ostereier fertig! Irmchen und Maria waren sehr stolz. Die Eier glänzten in der Nachmittagssonne und strahlten in den buntesten Farben. Irmchen und Maria hatten sehr weiche Federn gesammelt, welche sie als erste in die Nester legten. Anschließend bekam jedes Nest ein Ei. „Wunderschön", befand Irmchen. Am späten Abend begannen die Freundinnen mit dem letzten Teil ihres Vorhabens. Gemeinsam schlichen sie leise über den Hof, in den Flügeln das Nest für die Bäuerin. Auf einmal kam eine flinke Gestalt aus dem dunklen Wald herangehoppelt. Überrascht von dem nächtlichen Geräusch bleiben Irmchen und Maria wie angewurzelt stehen. Beim Näherkommen sah Irmchen einen großen Hasen mit einer Eierkiepe auf den Schultern. Er war offensichtlich in großer Eile, legte einige Dinge ins hohe Gras und rannte auch schon weiter. „Maria, da war ein großer Hase mit Eierkiepe auf den Schultern. Er ist schon wieder weg, war blitzschnell. Wer war das?“, fragte Irmchen.

Frage: Na, wer erkennt diese Sagengestalt?

„Das kann nur der Osterhase gewesen sein. Also sowas, das ist ja einfach unglaublich! Schade, dass ich ihn nicht sehen konnte. Ich hätte ihn gerne gefragt, warum ein Hase Eier verteilt.“ Und so setzten die beiden ihren Weg fort und trugen ihre Nester zu allen Menschen und Tieren auf dem Bauernhof, welche ihnen am Herzen lagen. Und die beiden schönsten Nester und Eier stellten Irmchen und Maria sich vor ihre eigene Tür. Glücklich verabschiedeten sie sich voneinander, denn nichts bringt mehr Freude, als Freude zu teilen.

Frage: Wer kennt ein Sprichwort zur Freude? Z.B. Willst du glücklich sein im Leben, teile Freude und das Glück, denn die Freude die wir geben, kehrt ins eigene Herz zurück.
Wer sieht das genauso? Gegenteilige Meinungen?

Irmchen, Maria und der Brunnen

Irmchen und Maria hatten sich zum Abend verabredet. Der Frühling nahte, doch es war noch sehr kalt. Schlechtes Wetter machte Irmchen und ihrem rheumatischem Flügel immer sehr zu schaffen.

[?] Frage: Wer hat auch wetterabhängige Schmerzen? Gibt es ein gutes Rezept dagegen?

Sie wanderte etwas missmutig auf den Hühnerhof zu. Maria war nicht zu sehen. Irmchen umrundete den Hühnerstall, schaute im Stall nach und zuletzt sogar auf dem Stalldach. Von Maria keine Spur. Sie fragte einen der anwesenden Hühner, ob sie wüssten, wo Maria zu finden wäre. So bekam Irmchen den Tipp, es bei dem alten Brunnen zu versuchen.

[?] Fragen: Wer hatte auch einen Brunnen zu Hause? Wofür wurde er genutzt?
Wer kennt ein Sprichwort mit Brunnen? (der Krug geht so lange zum Brunnen, bis er bricht)

Zu den Zeiten, als das Bauernhaus gebaut wurde, gab es noch keinen Anschluss an die Kanalisation. Da diente der Brunnen noch zur Versorgung von Haus und Hof. Doch diese Zeiten waren vorbei. Seit 30 Jahren war auch das Bauernhaus auf dem Stand der Moderne, zumindest was die Wasserversorgung anging. Der Brunnen geriet langsam bei Mensch und Tier in Vergessenheit. Nicht aber bei unserer Maria, die ja auch einen Hang für das Romantische und Verwunschene hatte. Irmchen fand Maria am Brunnenrand sitzend. „Was machst du da?“ fragte Irmchen. „Ich trau mich nicht“, sagte Maria. „Was traust du dich nicht?“, fragte Irmchen. „Na, reinzuspringen“, sagte Maria. „Wie bitte?“, fragte Irmchen, „warum in aller Welt willst du in den Brunnen springen?“ „Weil das ein Jungbrunnen ist“, erklärte Maria.

[?] Frage: Was ist ein Jungbrunnen? Würden Sie auch in einen springen, wenn es ihn gäbe? Gründe dafür und dagegen?

[!] Aktion: Schauen Sie gemeinsam Brunnenfotos an.

[?] Fragen: Welcher Brunnen gefällt am besten?

„Was quasselst du da? Jungbrunnen?“, fragte Irmchen, „hast du einen Korn getrunken, statt welche gegessen?“ „Natürlich nicht“, antwortete Maria empört. Sie war ein wenig beleidigt, denn eine Hühner-Dame von Welt trinkt keinen Korn. Höchstens einen klitzekleinen Piccolo. Irmchen spürte, dass sie ihre Freundin verstimmt hatte. Sie legte ihren Flügel um Maria und bat sie um Entschuldigung. „Gewährt“, sagte Maria. Auch Irmchen war es jetzt wohler ums Herz.

[?] Fragen: Wer kennt das auch, dass einem wohler ist, nachdem man sich entschuldigt hat? Finden Sie es schwer „Entschuldigung“ zu sagen?

„Also los“, forderte sie Maria auf, „erzähl mir die Geschichte.“ „Also“, sagte Maria, „meine Mutter hat mir die Geschichte erzählt, und die wusste es von ihrer Mutter, und diese von ihrer Mutter: Eines Tages ging eine alte Magd zum Wasserschöpfen an den Brunnen. Sie setzte sich auf den Rand, um auszuruhen. Es wurde ihr schwindelig, und sie stieß einen lauten Schrei aus, als sie rückwärts in den Brunnen fiel. Der Bauer hatte den Schrei gehört und eilte herbei. Er rief in den Brunnen, doch er erhielt keine Antwort. Meine Urgroßmutter stand in der Nähe und konnte alles beobachten. Der Bauer holte sich ein Seil, eine Lampe und den Knecht. Der Knecht musste sich in den Brunnen abseilen. Im Schein der Lampe sah er am Grunde des Brunnens eine junge Frau liegen. Sie antwortete nicht. Der Bauer holte weitere Männer zur Hilfe. Gemeinsam konnten sie die junge Frau bergen. Als sie ihr Bewusstsein wiedererlangte, konnte sie sich an nichts erinnern. Die alte Magd aber blieb verschwunden.“

[?] Fragen: Hat Ihnen Ihre Großmutter/Ihr Großvater auch Gruselgeschichten erzählt? Oder hat sich jemand Gruselgeschichten für die Kinder/Enkel ausgedacht?

„Meine Urgroßmutter wollte es auch versuchen, doch ihre beste Freundin hielt sie ab. Niemand hat jemals wieder versucht, sich mit Hilfe des Brunnens zu verjüngen. Niemand, bis auf die furchtlose Maria. Heute spring ich in den Brunnen."

Fragen. Wer kennt eine ähnliche Geschichte oder Märchen? Wer hatte ein Lieblingsmärchen? Zählen Sie einige bekannte auf, z.B. der Froschkönig oder Schneewittchen.

Aktion: Verabreden Sie eine gemeinsame Märchenstunde mit den zusammengetragenen Lieblingsmärchen.

„Aber Maria, warum um alles in der Welt willst du dich verjüngen?" „Weil mir das Altsein heute gar nicht gefällt. Ich hab den Schnabel voll vom Blindsein. Heute erst bin ich gegen den Eierkorb gelaufen, weil ich vergessen hatte, wo er immer steht. Und dann hab ich mir das linke Knie gestoßen. Dann haben alle anderen Hühner mit mir geschimpft, dass ich blind und vergesslich bin. Nein wirklich, ich habe die Nase voll vom Altsein. Ich will wieder ein junges Huhn sein, das gut sehen kann."

Fragen: Wer hat auch manchmal die Nase voll vom Altsein oder dass einer schimpft, wenn man vergesslich wird? Wie fühlen Sie sich dann?

„Ein junges Huhn willst du wieder sein?“, fragte Irmchen. Sie setzte sich Maria gegenüber und sah sie mit all ihrer Weisheit an. Maria konnte Irmchens Blick nicht sehen, aber sie spürte ihn. „Maria, nun denk doch mal nach. Willst du alles nochmal durchmachen? Die Kinder großziehen, dein Herz von einem mexikanischen Kampfhahn brechen lassen, unwissend in alle möglichen Fallen reintapsen, weil dir die Lebenserfahrung fehlt? Was ist mit deinem tollen Schnabel? Keine kann so gut wie du Regenwürmer nur mit dem Geruch aufspüren! Mit wem soll ich mich unterhalten? Mit einem jungen Huhn, was das Leben nicht kennt?“ Irmchen schüttelte energisch den Kopf.

[?] Fragen: Was mögen Sie am Alter? Ab wann ist man alt? Sind Sie alt?

[!] Aktion: Betrachten Sie alte Fotos aus den 1950er-1960er Jahren. Sprechen Sie über die Mode oder die Fahrzeuge dieser Zeit.

Aus Marias Augen rollten zwei dicke Tränen. „Manchmal ist das Leben ganz schön ungerecht“, sagte Maria. „Ja“, sagte Irmchen, „aber vor allem ist das Leben schön.“ Maria trocknete ihre Tränen mit dem Flügel, lächelte Irmchen an und sagte: „Lass uns gehen. Im Nest habe ich noch ein klitzekleines Piccolöchen versteckt. Damit stoßen wir an. Auf das Leben! Wie es war und wie es ist.“ Und so machten sie das auch. So konnten sie sich wieder zufrieden in ihre Nester kuscheln, jede für sich und doch im Herzen verbunden.

! Aktion: Gemeinsames Lied zum Abschluss: z.B. „Am Brunnen vor dem Tore“.

Irmchen und Maria feiern Weihnachten

Eines Tages trafen sich Irmchen und Maria zu ihrer gewohnten Plauderstunde. Es war schon sehr kalt und die Tage waren kurz. Die Nacht brachte lange Dunkelheit und Schweigen und umso glücklicher waren unsere beiden Freundinnen über eine Unterhaltung. „Weißt du was", sagte Maria zu Irmchen, „ich möchte dieses Jahr mit dir Weihnachten feiern." „Du möchtest was?", fragte Irmchen. Sie hatte noch nie von Weihnachten gehört. „Weihnachten", sagte Maria, „ist, wenn es einen geschmückten Tannenbaum gibt, gutes Essen und Geschenke."

[?] Fragen: Wie haben Sie ihr Weihnachtsfest gestaltet? Zu Hause oder bei Ihren Kindern? Gab es die Geschenke vor oder nach dem Essen? Mussten Sie als Kind Weihnachtsgedichte aufsagen? Wer kennt eins?

[!] Aktion: Weihnachtsgedichte aufsagen – einzeln vorgetragen oder in der Gruppe gemeinsam gesprochen.

„Kannst du mir das genauer erklären?", fragte Irmchen. „Natürlich", sagte Maria, „also pass auf. Ich habe die Menschen genau beobachtet, wie sie Weihnachten verbringen. Sie fangen schon viele Tage vorher an, das Haus zu schmücken. Dafür benutzen sie vor allen Dingen Sterne, Tannenzweige, Engel und Kerzen. Es werden köstliche Plätzchen gebacken und das ganze Haus duftet nach Zimt und Anis. Lieder werden gesungen und Gedichte geübt. Geschenke müssen heimlich gekauft und verpackt werden. Anschließend muss man diese gut verstecken.

[?] Fragen: Wer kennt ein Lied zum Weihnachtsfest? Wer kann eins vortragen?

[!] Aktion: Gemeinsam singen oder einzeln vortragen lassen, z. B. „Oh Tannenbaum“ oder „Schneeflöckchen“.

[?] Fragen: Womit haben Sie Ihr Haus geschmückt? Lieblingsfarben?

[!] Aktion: Lassen Sie Kugeln, Strohsterne und Engelsfiguren betrachten und berühren, gestalten Sie gemeinsam Weihnachtsdekorationen in den Lieblingsfarben.

[?] Fragen: Wie riecht Weihnachten?

[!] Aktion: Lassen Sie Zimt, Vanille und gemahlene Nüsse riechen und probieren.

Dann kommt endlich der Weihnachtsabend. Die ganze Familie ist zusammen. Sie haben einen Tannenbaum in ihr Wohnzimmer gestellt, ihn mit Glaskugeln und Kerzen geschmückt und unter dem Tannenbaum liegen die Geschenke. Es gibt ein gutes Essen für alle. Nach dem Essen werden die Lieder gesungen und die Gedichte vorgetragen. Und zum Schluss gibt es für jeden Geschenke. So geht

Weihnachten!" „Hört sich toll an, aber wie kriegen wir einen Weihnachtsbaum in meine Höhle?", fragte Irmchen. „Bist du dabei?", fragte Maria. „Aber sicher!", antwortete Irmchen begeistert.

> [?] Fragen: Hatten Sie einen Weihnachtsbaum? Wie groß?
>
> [!] Aktion: Alle einmal die Arme recken, um die Größe des Baumes anzuzeigen.

So fingen die beiden an, ihr Weihnachtsfest zu planen. Sie beschlossen, im Hühnerstall zu feiern. Als erstes begannen sie, aus dem Stroh Sterne zu basteln. Irmchen legte die Strohhalme in Sternform aus und Maria verband alles geschickt mit ihrem Schnabel. Sie hingen alle auf; in die Fenster und über den Türrahmen. Anschließend machten sie sich auf die Suche nach Tannenzweigen. Sie wurden fündig im Rosengarten der Bäuerin. Diese hatte Tannenzweige ausgelegt, um die Rosen vor Frost zu schützen.

> [?] Fragen: Wer benutzt auch Tannenzweige, um die Rosen zu schützen? Weitere Verwendungsmöglichkeiten für Tannenzweige?
>
> [!] Aktion: Besorgen Sie verschiedene Nadelbaumzweige. Lassen Sie diese berühren und nehmen Sie den unterschiedlichen Duft war. Gibt es einen Favoriten? Dann gestalten Sie daraus die Weihnachtsgestecke.

Irmchen und Maria schnappten sich jede einen Zweig und schleppten sie in den Hühnerstall. Einen hängten sie an die Türe, den anderen legten sie auf den Boden. An diesem Abend schliefen beide besonders gut! Als nächstes wollte Maria nun Kerzen aufstellen. Irmchen war nicht einverstanden. „Dieser Hühnerstall besteht aus Holz“, gab sie zu bedenken. „Holz brennt ganz schnell. Wir brauchen etwas, das sicherer ist, sonst hast du kein Dach mehr über dem Kopf.“ Die beiden Freundinnen überlegten lange hin und her. Dann gingen sie in den Handwerkerschuppen des alten Bauern. Dort fanden sie was sie suchten. Eine kleine und eine große Laterne aus Glas.

> [!] Aktion: Eine Laterne gemeinsam aufstellen und betrachten lassen.

„Das ist es“, sagte Irmchen, „dann ist das Feuer eingesperrt.“ Sie schleppten die beiden Laternen ebenfalls in den Hühnerstall. Der Handwerkerschuppen erwies sich als wahre Goldgrube. Irmchen fand noch einen Engel mit abgebrochenem Flügel und drei goldene Kugeln ohne Anhänger. Als Irmchen und Maria ihre Schätze im Hühnerstall ausbreiteten, waren sie sehr zufrieden. „Das wird ein wunderschönes Weihnachten“, rief Maria. Nun mussten sich die beiden Freundinnen Gedanken um ihr Festmahl machen und natürlich über die Geschenke. Sie entschieden sich für Kaninchenbraten und italienische Weizenkörner mit frischer Rauke.

[?] Fragen: Was war Ihr liebstes Weihnachtsessen? Kartoffelsalat und Würstchen? Gänsekeule und Klöße? Bräuche erzählen lassen.

Maria, die ja nicht sehen konnte, dachte lange über ein Geschenk für Irmchen nach. Am Ende beschloss sie, das zu tun, was sie gut konnte. „Immer der Nase nach“, sagte sie zu sich selbst. Ihre Nase führte sie geradewegs in die Speisekammer der Bäuerin. Dort roch es verführerisch nach Weihnachtsplätzchen. Ein paar weniger werden wohl nicht auffallen, dachte sich Maria und griff beherzt zu. Sie verpackte sie liebevoll in ein paar sehr weiche Federn und versteckte sie tief in ihrem Nest.

[?] Fragen: Wer kennt das beste Plätzchenrezept? Wer hat mit den Kindern gebacken?

[!] Aktion: Gemeinsames Backen. Oder eine Schale mit selbstgebackenen Plätzchen herumreichen.

Irmchen dachte lange über ein Geschenk für Maria nach. Sie wusste um Marias romantische Ader und beschloss, ihr ein schönes Gedicht zu schreiben. Das verpackte sie dann liebevoll in ein paar sehr weiche Federn und versteckte das Geschenk tief in ihrem Nest. Endlich war der Weihnachtsabend gekommen. Die beiden Freundinnen hatten die große Laterne als Weihnachtsbaum herausgeputzt. Der Stall schimmerte in einem festlichen Glanz. Es roch nach dem guten Weihnachtsessen. Maria und Irmchen strahlten um die Wette. Irmchen hatte ein Weihnachtslied einstudiert. Es hieß „Oh Tannenbaum“ und gefiel Maria ausnehmend gut. Maria hatte ein Gedicht auswendig gelernt und trug es vor. Das gefiel Irmchen wiederum ausnehmend gut. Und dann gab es Geschenke. Beide freuten sich riesig über das Geschenk der Freundin.

[?] Fragen: Können Sie sich an Ihr schönstes Weihnachtsgeschenk erinnern? Als Kind? Schenken Sie gerne? Werden Sie gerne beschenkt? Über was würden Sie sich heute freuen? Mögen Sie Geschenkpapier?

[!] Aktion: Verschiedene Typen Geschenkpapier herumreichen, vergleichend fühlen und einen Favoriten festlegen.
(Jetzt wissen Sie, ob und was Sie dem Erkrankten schenken können).

Gemeinsam saßen sie noch lange an ihrem Laternen-Tannenbaum und erzählten sich Geschichten und verspeisten dabei die Weihnachtsplätzchen. Es war ein wunderschöner Abend! „Das machen wir jetzt jedes Jahr“, sagte Irmchen zu Maria. Maria nickte und umarmte ihre Freundin ganz fest. Beide schliefen glücklich ein und träumten von Engeln und Sternen.

Maximilian

Eines Tages hatten Irmchen und Maria beschlossen, ein Familienfest auszurichten. Sie wussten, dass es nicht mehr viele Familienmitglieder gab. Und diese wohnten weit verstreut über das Land. So begann ein Suchen in alten Briefen und Telefonbüchern, dann wurden Briefe in alle vier Himmelsrichtungen versandt.

> Fragen: Wie heißen die vier Himmelsrichtungen? Wessen Familie ist auch über das Land verstreut?
> Wer kennt den Merkspruch für die Himmelsrichtungen: Im Osten geht die Sonne auf, im Süden ist ihr Mittagslauf, im Westen will sie untergeh'n, im Norden ist sie nie zu seh'n.

Es kamen sage und schreibe drei Zusagen. Eine kam von Maximilian. Er wohnte im Süden des Landes und war ein Cousin von Irmchen. Ein starker und stattlicher Uhu von ungefähr 70 Jahren. Irmchen und Maximilian hatten sich schon sehr lange nicht mehr gesehen und die Freude über die Zusage war groß.

> Fragen: Wer hatte gerne Gäste? Oder ist es mit Gästen wie mit Fisch, die stinken nach drei Tagen?

Die anderen beiden Zusagen kamen von Marias Nichte und deren Ehemann (einem aufgeblasenen Gockel). Der Mann von Marias Nichte hatte eine Stelle als Wetterhahn inne. Er thronte auf dem Kirchdach einer Gemeinde und drehte sich nach dem Winde. Dadurch fühlte er sich als wichtige Persönlichkeit und stolzierte stets mit geschwellter Brust umher.

[!] Aktion: Alle mal den aufgeblasenen Gockel spielen: aufrichten, Brust aufblasen, Kopf in die Höhe.

Die beiden kamen aus einem Nachbarort und so war der wirkliche Hauptgast Maximilian. Irmchen und Maria hatten einen festlichen Tisch am Samstagabend gedeckt. Nichte und Gockel waren bereits anwesend. Nur Maximilian aus dem Süden, der war nicht da. Seufzend zuckte Irmchen mit den Schultern: „Es ist so ein weiter Weg, und es kann sooo viel passieren. Also, wir sollten anfangen zu essen.“ Das taten sie dann auch. Der Gockel langweilte alle mit ein paar Geschichten aus dem Wetteramt, aber dennoch war es ein gemütlicher Abend. Alle verabschiedeten sich herzlich voneinander. Maria umarmte Irmchen und ermahnte sie, sich keine Sorgen zu machen.

[?] Fragen: Wer sorgt sich auch um reisende Angehörige? Wer reiste zu Angehörigen? Zu wem und wohin? Wie sind Sie gereist? Mit der Bahn? Mit dem Auto?

[!] Aktion: Betrachten Sie gemeinsam Fotos von Fahrzeugen der 1950er-1970er Jahre.

Am nächsten Morgen erwachte Irmchen von einem gewaltigen Rumpeln vor der Haustüre. Sie spähte hinaus und draußen stand Maximilian mit einem großen Koffer. „Maxi“, rief Irmchen, „bist du das?“ „Irmchen“, rief Maximilian, „Gott sei Dank, ich habe dich gefunden!“ Irmchen eilte geschwind zur Türe und ließ Maximilian herein. Er war pitschnass und sah sehr verfroren aus. „Tut mir leid wegen der Verspätung“, sagte Maximilian, „ich glaube, ich habe mich ein wenig verflogen.“ „Ach, Hauptsache du bist da“, strahlte Irmchen. Sie holte ein Handtuch und reichte es Maximilian, dann brachte sie ein Decke (von Maria selbst gestrickt) und eine große Portion Mäuse. „Danke“, freute sich Maximilian und begann, sich mit der Decke abzurubbeln. Dann kuschelte er sich in das Handtuch und verspeiste alle Mäuse.

[?] Fragen: Merkt hier einer, was da nicht stimmt? Ist jemand schon etwas ähnliches passiert? Und wenn ja, ist das wirklich so schlimm?

[!] Aktion: Handtuch und Wolldecke vergleichend fühlen lassen.

Glücklich sah Maximilian Irmchen an. „Ach, das ist eine Freude, dich wiederzusehen“, sagte er. „Das kann ich nur bestätigen“, erwiderte Irmchen. Gemeinsam begannen sie zu rätseln, wann und wo sie sich das letzte Mal gesehen hatten. Aber keiner der beiden konnte sich so recht erinnern. Maximilian gähnte verstohlen hinter seinem Flügel.

? Fragen: Wer kann sich an seinen letzten Familienbesuch erinnern? Wer war anwesend? War es ein schönes Zusammentreffen? Mögen Sie Familienbesuche? Sollten diese öfter stattfinden?

! Aktion: Planen Sie eine *kleine* Veranstaltung, zu der Familienangehörige mit eingeladen werden. Z.B. Gemeinsam Kuchen backen und anschließend verzehren.

Aber Irmchen bemerkte das Gähnen doch. „Ach Maxi“, rief sie, „du hast ja so eine lange Reise hinter dir. Möchtest du dich nicht ein bisschen ausruhen?“ Das wollte Maximilian nur zu gerne. Er machte es sich in einer warmen Ecke gemütlich, steckte den Kopf unter die Federn und schlief im Nullkommanichts ein. Irmchen lächelte und tauschte leise das Handtuch gegen die Decke aus. Dann spürte sie, dass auch sie eine Pause brauchte, steckte den Kopf unter die Federn und schlief ebenfalls ein.

Der Liegestuhl

Maximilian und Irmchen erwachten am frühen Abend. Irmchen reckte und streckte ihre Flügel und freute sich über ihren Besuch.

[!] Aktion: Alle mal die Flügel recken und strecken!

Auch Maximilian gähnte herzhaft und schaute sich interessiert um. „Was hast du vor?“, fragte er Irmchen. „Als allererstes müssen wir Maria besuchen gehen. Sie ist meine beste Freundin, und sie ist ein Huhn“, fügte Irmchen gewichtig hinzu. „Ich habe noch nie ein Huhn persönlich kennengelernt“, sagte Maximilian. „Dann wird es aber höchste Zeit“, erwiderte Irmchen. Heute klappte das Fliegen sehr gut für Irmchen, und so flog sie mit Maximilian rund um das Bauernhaus und erklärte alles. Maximilian fand den Misthaufen mit den Würmern hochinteressant, den Tischlerschuppen und den Grillplatz ebenfalls. Dann landeten sie vor dem Hühnerhaus. Zwei Hühner, die in aller Ruhe Körner pickten, nahmen bei der Landung vor Maximilian Reißaus.

[?] Fragen: Warum sind die Hühner vor Maximilian ausgerissen? (Feind) Bei welchen Tieren steht Huhn noch auf der Speisekarte? (Fuchs)

Irmchen schaute sich suchend nach Maria um. Sehen konnte sie Maria nicht, aber sie konnte sie laut und deutlich hören. Maria schimpfte wie ein Rohrspatz. „Blödes Ding, so ein Mist, nie geht es, wenn man es mal braucht ...“, zeterte es aus dem Inneren des Hühnerstalls.

> Fragen: Haben Sie ein Lieblingsschimpfwort? Wie heißt es? Welche Schimpfwörter waren streng verboten in Ihrer Kindheit? Wie machen Sie sich Luft, wenn Sie sich ärgern?

Irmchen fing an zu lachen und winkte Maximilian, ihr zu folgen. Maria stand vor etwas, das aussah wie ein Haufen Holz mit einem Fetzen Stoff darüber. „Hallo Maria“, machte sich Irmchen bemerkbar. „Irmchen“, rief Maria, „wie schön. Wie geht es dir? Hast du schon etwas von Maximilian gehört?“ „Allerdings“, erwiderte Irmchen, „ich hab ihn gleich mitgebracht.“ „Was!“, rief Maria, aber da legte Maximilian auch schon los: „Guten Tag gnädige Frau, es ist mir eine Ehre, Sie kennenzulernen. Noch nie zuvor habe ich ein Huhn kennengelernt. Und dann gleich ein so temperamentvolles!“ Irmchen blieb der Schnabel offen stehen und Marias Federn verfärbten sich ein wenig rosa.

> Fragen: Was denken Sie, warum verfärben sich Marias Federn rosa? (Kompliment/Schmeichelei) Werden Sie auch rot, wenn Sie ein Kompliment bekommen? Verteilen Sie gerne Komplimente? Wann werden Sie rot?

„Wie ich höre", fuhr Maximilian fort, „haben Sie ein kleines Problem. Kann ich Ihnen behilflich sein?" Maria wies auf den Haufen Holz und Stoff zu ihren Füßen. „Das ist mein Liegestuhl. Ich wollte ihn aufstellen, aber er funktioniert nicht." „Das ist gar kein Problem", sagte Maximilian, „haben wir gleich!" Er beugte sich zu dem Holzhaufen hinunter und machte sich schweigend an die Arbeit.

> Fragen: Wer kennt noch die Liegestühle aus Holz und Stoff? Wer hat sich auch immer die Finger daran geklemmt? Wer war ein guter Handwerker und konnte zerbrochene Liegestühle reparieren?

Irmchen klappte langsam den Schnabel wieder zu und Marias Federn färbten sich langsam wieder braun und weiß. „Ich brauche", sagte Maximilian, „so ein Dings", und machte mit dem Flügel eine ausholende Bewegung. „Was bitte?", fragte Maria, die die Bewegung ja nicht sehen konnte. „Na so ein Dings", sagte Maximilian leicht verzweifelt, „wo man mit haut. Auf Holz!"

> Fragen: Welchen Gegenstand sucht Maximilian? (Hammer)

„Was zum Hauen gibt's im Tischlerschuppen", sagte Maria. Und so marschierten die drei los. Am Tischlerschuppen angekommen öffneten sie die Türe weit. Licht flutete in den staubigen Schuppen und Maximilians Augen begannen zu strahlen. Er steuerte geradewegs auf die Werkbank zu. Er schnappte sich den Hammer und sagte zufrieden: „Da ist er ja! Und jetzt noch die anderen." Er sah sich suchend um. „Welche anderen?", fragte Irmchen. „Na, die langen", sagte Maximilian, „zum Draufhauen."

[?] Frage: Was sucht Maximilian jetzt? (Nägel)

[!] Aktion: Nehmen Sie einen Werkzeugkasten, lassen Sie die Werkzeuge anfassen und benennen. Was macht man damit?

Irmchen sah Maria an, sagte aber nichts. Maria spürte Irmchens Blick und lächelte ihrerseits Maximilian aufmunternd an. Und dann fand Maximilian auch die Nägel. Gut ausgerüstet machten sie sich auf den Weg zurück. Maximilian reparierte Marias Liegestuhl und stellte ihn an ihrem Lieblingsplatz auf. Glücklich ließ Maria sich hineinsinken. „Ganz wunderbar, vielen, vielen Dank lieber Maximilian", freute sie sich. „Ach was", sagte Maximilian, „war doch nicht der Rede wert. Ich bringe die Dinge zurück in den Schuppen." So machte er sich auf den Weg und die beiden Freundinnen verfielen in eine angeregte Plauderei. Nach einiger Zeit stellten sie fest, dass Maximilian nicht zurückkam. „Seltsam", meinte Irmchen, „ich geh mal nachsehen, wo er bleibt." „Ich komme mit", sagte Maria.

[?] Fragen: Wer kennt das, wenn man jemanden sucht? Wie fühlt sich das an? Wer kennt das, wenn man gesucht wird? Wie fühlt sich das an?

Um es kurz zu machen: Im Tischlerschuppen war er nicht, im Hühnerhof nicht und auch nicht auf dem Misthaufen. Die beiden fingen an zu rufen und ihre Kreise weiter zu ziehen. Und endlich, nach einer Stunde Sucherei, fanden sie ihn am Brunnen sitzend. „Da bist du ja“, sagte Irmchen erleichtert. „Ja, wieso sagst du das?“, wollte nun Maximilian wissen. „Wir suchen dich schon eine ganze Zeit“, sagte Irmchen. „Wieso?“, fragte Maximilian erneut. „Na, du wolltest doch nur in den Tischlerschuppen“, rief Irmchen. „Ach wirklich?“, staunte Maximilian, „hier ist es aber auch schön!“

> Fragen: Wer kennt das, wenn man Zeit und Ort vergisst? Und es anschließend Streit gibt, weil man verschwunden war?

Irmchen schloss verwirrt den Schnabel. Aber Maria lächelte und sagte: „Lass uns zurückgehen.“ Und so gingen sie schweigend und in Gedanken versunken gemeinsam den Weg nach Hause zurück.

Tüdelig

Am kommenden Tag suchte Irmchen Maria auf. Sie hatte unruhig geschlafen, denn sie verstand die Sache mit Maximilian nicht. Maria freute sich wie immer, wenn Irmchen sie besuchte. Am Klang ihrer Stimme erkannte Maria sofort, dass mit Irmchen etwas nicht in Ordnung war. „Irmchen", fragte Maria, „machst du dir Sorgen um Maximilian?" „Ja", sagte Irmchen, „ich mache mir Sorgen um Maxi, denn irgendwie bringt er alles durcheinander. So in seinem Kopf, meine ich."

[?] Fragen: Wer kennt das auch, wenn man was durcheinanderbringt? Wie fühlt man sich dann? Haben Sie dann eine gute Ausrede? Wer erkennt seine Angehörigen auch am Klang der Stimme?

„Ja", sagte Maria, „das habe ich auch schon bemerkt. Maximilian ist ein bisschen tüdelig." „Ein bisschen was?", fragte Irmchen. „Na, tüdelig. Das ist, wenn man was vergisst oder die Dinge durcheinander bringt. Ist nicht so schlimm, das hatte mein Onkel auch." „Also", sagte Maria, „am wichtigsten ist, dass Maxi nicht alleine bleibt. Weil, er vergisst doch schon so einiges. Wie wäre es, wenn er bei uns bleibt?" „Das wäre gut", sagte Irmchen, „dann wäre er mit uns zusammen. Wir können uns gegenseitig helfen."

[?] Fragen: Wer kennt den Ausdruck „tüdelig"? Wo kommt er her? (Hamburg) Was bedeutet der Ausdruck? Gibt es andere Wörter für den Zustand der Vergesslichkeit?

„Prima, wir sollten mit Maximilian sprechen", sagte Maria. So spazierten die beiden Freundinnen los. Irmchen hatte Maximilian zuletzt am Tischlerschuppen gesehen. Im Inneren des Schuppens herrschte ein reges Gerumpel und Getöse. „Ich glaube, wir haben Maximilian gefunden", sagte Irmchen zu Maria. Maria rief in den Schuppen hinein: „Maximilian, bist du da?" Maximilian antwortete: „Ja, nur hereinspaziert." „Was machst du denn da?", fragte Irmchen. Und Maximilian antwortete: „Aufräumen, was sonst! Hier ist ja schon ewig nichts mehr gemacht worden. Wird Zeit, dass der Schuppen in Ordnung kommt."

[!] Aktion: Haben Sie was zum Aufräumen? Keller, Dachboden oder ähnliches? Dann räumen Sie gemeinsam auf.

[?] Fragen: Mögen Sie aufräumen? Was machen Sie gerne, was nicht so gerne?
Haben Sie eine eigene Ordnung?

Maria grinste Irmchen zu. „Maximilian", fing Maria an zu sprechen, „Irmchen und ich haben überlegt, dass es schön wäre, wenn du bei uns bleibst. Wir könnten deine Hilfe hier so gut gebrauchen." Maximilian wurde wieder ein wenig rosa um die Nasenfedern – so wie immer, wenn er mit Maria sprach. „Ach“, sagte er, „das ist ja toll. Kann ich denn einfach so bei euch bleiben? Und wo werde ich wohnen?“ „Na klar kannst du bleiben und du wohnst im Tischlerschuppen.“ „Na, das ist großartig“, sagte Maximilian, „im Tischlerschuppen fühle ich mich richtig wohl. Hier kann man sich eine tolle Höhle einrichten.“ Und er verschwand mit einem Zollstock und einem Bleistift und fing an, sich seine Bettnische auszumessen. „Passt genau“, sagte er, „das wird ein Kinderspiel.“

> [!] Aktion: Haben Sie auch etwas auszumessen? Besorgen Sie ein paar Zollstöcke, die braucht man immer!
>
> [?] Fragen: Ist es für Sie leicht oder schwer umzuziehen? Sind Sie häufig umgezogen? Oder vielleicht niemals?

Maximilian wandte sich zu Irmchen und Maria um. „Danke“, sagte er, „dass ich bei euch bleiben darf. Wenn ich ehrlich sein soll, ich war ganz schön alleine dort im Süden. Alle Familienangehörigen sind aus der Höhle, und manchmal hab’ ich gar keine Lust aufzustehen. ‚Wozu?‘ denke ich dann. Aber jetzt hier mit euch … und der Tischlerschuppen …“ Maximilian brach ab, und seine Augen glitzerten verdächtig.

> [?] Fragen: Wer kennt das auch, wenn man keine Lust hat, aufzustehen? Wenn alles keinen Sinn mehr macht? Was hilft in solchen Momenten?

Er wandte sich schnell um und begann, in einer Kiste zu kramen. „Schön“, sagte Irmchen, „ich freue mich sehr, wenn du bei uns bleibst. Komm, wir helfen dir beim Aufräumen.“ „Aaach“, sagte Maximilian gedehnt, „lasst mal gut sein. Ich habe da so meine eigene Ordnung. Aber ein paar von Marias wunderbaren Decken wären schön. Und ich bringe meinen Koffer von Irmchens Höhle rüber. Wollt ihr mir dabei helfen?“ Das wollten die beiden gerne und so marschierten sie in verschiedene Richtungen davon.

> ? Fragen: Wer hat auch seine eigene Ordnung? Wer mag es gar nicht, wenn jemand anderes in den Sachen herumräumt?

Maximilian dachte auf seinem Weg daran, was es für ein schöner Tag war. Maria dachte auf ihrem Weg darüber nach, wie schön es ist helfen zu können, und Irmchen dachte auf ihrem Weg darüber nach, ob eine kleine Party für den Anlass nicht angemessen wäre. Und so kam es, dass Maximilian auf dem Bauernhof ein neuer Bewohner wurde.

Party-Vorbereitungen

Irmchen verbrachte eine vergnügte Nacht damit, sich auszudenken, was für eine Party sie feiern konnten. Welche Gäste, welches Essen, welche Dekoration – Irmchen hatte ihre Freude daran, verschiedene Varianten durchzuspielen. Nachdem sie einige Stunden geschlafen hatte, machte sie sich auf den Weg zum Tischlerschuppen. „Hallooo“, rief Irmchen zur Begrüßung und Maximilian antwortete mit: „Nur herein!“ „Maxi“, sagte Irmchen, „ich finde, wir sollten eine Party veranstalten. Damit dich alle hier kennenlernen.“ Maximilian dachte kurz nach. „Dann machen wir eine Grillparty“, sagte er entschieden. Vor seinem geistigen Auge erschienen ein prachtvoller Grill mit der perfekten Glut und ein großes saftiges Kotelett.

> [?] Fragen: Wer hat auch gerne gegrillt? Beste Rezepte? Lieblingsspeisen? Bevorzugte Grillplätze?
>
> [!] Aktion: Planen Sie ein gemeinsames Grillfest, mit echtem Feuer und die Erkrankten grillen selbst.

Vor Irmchens geistigem Auge erschien: Nichts! Von einer Grillparty hatte sie noch nie gehört. Auch mit der Kunst des Feuermachens war sie nicht vertraut. „Vielleicht tüdelt er wieder“, dachte Irmchen, „vielleicht hat er sich das

Wort nur ausgedacht.“ Um Maximilian nicht zu verstimmen, lächelte Irmchen freundlich, nickte und erklärte, dass sie nun Maria suchen gehen wolle. „Maria“, rief Irmchen, „wo steckst du?“ „Im Hof, in der Sonne!“, meldete sich Maria zurück. Glücklich und sehr zufrieden saß Maria in ihrem Lieblingsliegestuhl und ließ sich von der Sonne bescheinen.

[?] Fragen: Wer lässt sich auch gerne von der Sonne bescheinen? Wer sitzt lieber im Schatten?

[!] Aktion: Gehen Sie gemeinsam in den Garten und schauen Sie, ob es für jeden einen Lieblingsplatz gibt?

„Maria, was ist eine Grillparty?“ „Oh, das ist eine tolle Sache!“, antwortete Maria. „Man brät Fleisch, Fisch und Gemüse auf offenem Feuer. Dazu gibt es viele Beilagen und leckere Getränke.“ „Braucht man auch eine Dekoration und Gäste?“, fragte Irmchen. „Unbedingt“, sagte Maria, „eine schöne Dekoration ist schon die halbe Grillparty!“

[!] Aktion: Dekoration gemeinsam gestalten, z.B. Girlanden basteln, Ballons aufblasen, etc.

[?] Fragen: Wie haben Sie Ihre Grillparty geschmückt? Hatte der Grillmeister eine Schürze? Wer wurde zu den Grillpartys eingeladen? Freunde, Nachbarn, Arbeitskollegen?

„Und die andere Hälfte?“, fragte Irmchen. „Das ist das Feuer“, sagte Maria geheimnisvoll. „Leider kann ich kein Feuer machen“, fügte sie bedauernd hinzu. „Wie kommst du eigentlich auf eine Grillparty, Irmchen?“ „Das war Maxis Idee“, räumte Irmchen ein, „und ich dachte sogar, er würde tüdeln und hätte sich das Wort nur ausgedacht“, fügte sie noch verschämt an. „Kann denn Maxi Feuer machen?“, fragte Maria. Dabei fiel ihr auf, dass sie Maximilian bei seinem Kosenamen genannt hatte und wurde ein wenig rosa um die Nasenfedern. „Wir gehen zu Maxi und besprechen alles mit ihm“, schlug Irmchen vor.

Fragen: Wer hat das beste Konzept, einen Grill anzuzünden? Wer hat gerne Lagerfeuer gemacht? Zu welchen Gelegenheiten?

Sie spazierten zum Tischlerschuppen. Maximilian saß in der Sonne vor dem Schuppen und trank ein kaltes Bier aus einer Blumenvase. Irmchen wollte gerade etwas wegen der Blumenvase sagen, als Maximilian sich erhob. Er holte zwei Stühle aus dem Schuppen und bot den beiden Damen einen Sitzplatz an. Maria und Irmchen setzten sich und fingen an, über die Grillparty zu sprechen. Maximilians Augen leuchteten. „Oh ja, ich kann Feuer machen“, gab er bekannt. Und er blies ein wenig die Brust auf, ganz so wie es sonst nur der aufgeblasene Gockel tat (der Mann von Marias Nichte). Und so entstand ein Plan für Maximilians Willkommens-Party.

[!] Aktion: Brust aufblasen! Kopf hoch! Auch die, die kein Feuer machen können!

[?] Fragen: Ist es schlimm, wenn man Bier aus der Blumenvase trinkt? Wer kennt noch ungewöhnliche Trinkgefäße? Hat jemand einen besonderen Bierhumpen zum Vorzeigen, gibt es eine Geschichte dazu?

Die Willkommens-Party

Die Gästeliste für Maximilians Willkommens-Party umfasste alle Nachbarn, Freunde und Familienmitglieder. Da waren Karl, der Hofhund, Herr und Frau Fischer, das Storchenpaar auf dem Hausdach, die Katze Pauline, die sechs Hühner aus dem Hühnerstall, vier Küken sowie Marias Nichte und ihr Mann, der aufgeblasene Gockel. Als Speisen waren vorgesehen Kotelett, Mäuse, Würmer, Frösche, Fische frisch vom Grill, frische Salate, eine Auswahl Sommerkörner und zum Nachtisch Eis und Birne Helene. Als Dekoration würde es Windlichter, Girlanden und ein großes Willkommensplakat für Maximilian geben.

Aktion: Gestalten Sie gemeinsam ein Willkommensplakat für die Grillparty und hängen Sie dieses gut sichtbar auf.

Fragen: Zu welchen Anlässen haben Sie ein Plakat gefertigt? Hochzeit, Geburt oder Geburtstag? Welche Anlässe gibt es noch?

Die Party sollte am kommenden Samstagabend stattfinden. Maximilian stöberte nach dem Grill, fand ihn unter einem Haufen Bretter und holte ihn hervor. Er putzte ihn auf Hochglanz und schleppte ihn in die Mitte des Hofplatzes. Irmchen und Maria luden alle Gäste ein und bereiteten die Dekoration vor. Irmchen schnitt lange Papierstreifen und Maria verband sie mit geschicktem Schnabel zu schönen Girlanden. Dann sammelten sie alte Einweckgläser im Schuppen ein, füllten diese mit Sand, Steinen und Muscheln und setzten ein Teelicht obendrauf. Herrliche Windlichter für jeden Tisch.

[!] Aktion: Gestalten Sie gemeinsam Windlichter. Es gibt LED-Teelichter zu kaufen. Echte Flammen sind aber anregender und schöner.

[?] Fragen: Was kann man noch aus alten Einweck- oder Marmeladengläsern machen? Wird heute mehr weggeworfen als früher? Was hat man früher alles weiterverwendet? Z.B. aus alten Hemden Putzlumpen gemacht.

Anschließend gingen sie und ernteten frischen Salat im Garten. Maximilian kümmerte sich um die Grillzutaten. Er hatte sich mit dem Hofhund Karl besprochen. Der Hofhund Karl kannte den Hund des Fischhändlers und den Hund der örtlichen Brauerei. Karl nahm Maximilian mit ins Dorf und stellte ihm seine Freunde vor. So kam Maximilian mit drei prachtvollen Lachsen, sechs dicken Koteletts und einem Fass frischen, kalten Bieres zurück.

[?] Fragen: Wer hat auch gute Freunde, die ihm behilflich sind? Waren die Menschen früher hilfsbereiter? Wo haben Sie Freunden und Familie geholfen?

Die Frösche und Mäuse fing Maximilian am Samstagmorgen, ganz frisch. Ebenfalls am Samstagmorgen machten sich Irmchen und Maria an die Arbeit. Sie brachten Teller, Schüsseln und Gläser, schmückten die Tische und verwandelten die Hofmitte in einen Festplatz. Irmchen hatte ein großes Plakat gemalt auf dem „Willkommen Maximilian“ zu lesen war. Sie hatte es mit bunten Blumen verziert und war sehr zufrieden mit ihrer Arbeit. Sie befestigte es in einem Baum, zwischen zwei Ästen hängend. Dann kamen alle Gäste! Die sechs Hühner hatten zu Maximilians Begrüßung ein Lied einstudiert, welches sie vortrugen.

[?] Fragen: Kennen Sie ein Lied zur Begrüßung? („Guten Morgen Ihr Leut'“) Kann jemand eines vortragen?

[!] Aktion: Gemeinsam singen.

Alle Gäste waren begeistert und verlangten eine Zugabe. Herr und Frau Fischer, das Storchenpaar, brachte eine Flasche exquisiten Heublumenlikörs. Auch davon waren alle Gäste begeistert und verlangten eine Zugabe. Marias Nichte und ihr Mann brachten zwei Laternen mit, welche von dem aufgeblasenen Gockel unter viel Tamtam aufgestellt wurden. Die Katze Pauline hatte ein weiches Kissen aus ihren Unterhaaren gefertigt und überreichte es Maximilian.

[?] Fragen: Haben Sie auch Gastgeschenke bekommen? Welche waren am schönsten? Haben Sie gerne etwas verschenkt?

Maximilian freute sich sehr über alle Gaben, aber am meisten freute er sich auf sein Feuerchen. Gemeinsam mit Karl, dem Hofhund, feuerte er den Grill an. Im Handumdrehen verwandelten die beiden das lustige Feuerchen in eine stattliche Glut. Karl und Maximilian grillten wie die Weltmeister. Die Gäste waren begeistert und verlangten …

> [!] Aktion: ergänzen lassen (na was wohl, eine Zugabe).

Die Herren zischten kaltes Bier vom Fass, die Damen Gänsewein. Als alle so viel gegessen hatten, dass sie sich kaum noch bewegen konnten, brachten Irmchen und Maria das Eis und die Birne Helene.

> [?] Fragen: Wer kennt Birne Helene? Wer kennt das Rezept? Welche anderen Nachspeisen sind auch lecker? Nicht nur auf Grillpartys …

Obwohl alle beteuerten, pappsatt zu sein, wurde der Nachtisch bis auf den letzten Krümel verputzt. Es war eine rundum gelungene Grillparty! Und alle Nachbarn und Freunde waren sich einig: Wunderbar, dass Maximilian bei uns eingezogen ist!

Küken hüten

Nachdem die Hühner so erfolgreich auf Maximilians Party gesungen hatten, kam Herr Fischer, der Storch, auf die Idee einen Chor zu gründen. Er ernannte sich selbst zum Chorleiter, da er schon immer eine Schwäche für Musik gehabt hatte. Seine Frau klapperte es in der Nachbarschaft herum und bald pfiffen es die Spatzen von den …

> ! Aktion: ergänzen lassen (Dächern).

Auch Irmchen und Maria waren sofort begeistert und wollten dabei sein. Selbstverständlich war auch Pauline, die Hofkatze, mit von der Partie, denn sie hatte eine wunderbare Opernstimme. So kam sehr schnell ein zehnköpfiger Chor zusammen. Herr Fischer gab bekannt, dass nunmehr jeden Montagnachmittag die Chorprobe stattfinden würde. Als Proberaum nahmen sie den alten Wäschekeller, der wegen seiner Gewölbeform eine sehr gute Akustik hatte. Das meinte zumindest Herr Fischer.

> ! Aktion: Gründen Sie einen Chor, oder treten Sie einem bei, oder laden Sie einen Chor zur regelmäßigen Probe in Ihr Haus ein.

❓ Fragen: Wer hat in einem Chor gesungen? Wer singt gerne? Wer kennt ein Sprichwort mit Gesang? Z. B. „Wo man singt, da lass dich nieder, böse Menschen kennen keine Lieder".

Am Abend, als die Hühner und Maria gemeinsam im Hühnerstall saßen, kamen dem Huhn Lore Bedenken. „Wenn wir Chorprobe haben", sagte Lore zu Maria, „wer passt dann auf die Küken auf?" „Das ist eine gute Frage", sagte Maria, „ich werde das gleich mit Irmchen besprechen." „Gleich?", fragte Lore. „Ja", sagte Maria, „du weißt doch, Irmchen ist eine Nachteule." „Ach ja, richtig", sagte Lore, „manchmal vergesse ich einfach, dass Irmchen kein Huhn ist."

❓ Fragen: Wer hat eine ähnliche Erfahrung gemacht? Mit einem ausländischen Nachbarn? Mit einem Freund aus einer anderen Region Deutschlands?

Maria machte sich auf den Weg zu Irmchens Kastanie. Irmchen saß munter vor ihrer Höhle und löste ein Kreuzworträtsel. Irmchen blickte auf und sah Maria in der Abenddämmerung auf ihre Höhle zuspazieren. Sie rief: „Maria ich komme!", und segelte vorsichtig zu Boden, denn der linke Rheumaflügel schmerzte heute. Die beiden setzten sich ins Gras und Maria erklärte Irmchen die Sache mit den Küken. „Ich finde", sagte Irmchen, „wir sollten Maximilian und Karl fragen. Die beiden singen nicht und haben Zeit." „Eine gute Idee", stimmte Maria zu. So suchten sie Maximilian auf. Der saß vor seinem neuen Zuhause mit seinem neuen Freund Karl und fühlte sich sichtlich wohl. „Hallo ihr zwei“, rief Maximilian, als er seine weiteren Gäste erblickte und schickte sich an, Stühle aus dem Schuppen zu holen. Irmchen und Maria erklärten die Sache mit den Küken und Karl und Maximilian waren sofort einverstanden. „Vier Küken“, meinte Karl, „das wird ein Klacks.“

> Fragen: Wer hat auch auf die Enkelkinder aufgepasst? Oder auf andere Kinder? Hat es Spaß gemacht? Ist es ein Klacks, vier Küken zu hüten?

Am Montagnachmittag brachten Lore, das Huhn, und Maria die vier Küken zu Maximilian. Die vier wurden ermahnt, sich zu benehmen. Dann marschierten die beiden Damen zur Chorprobe ab. „Was machen wir?“, wollte das größte und mutigste Küken wissen, kaum dass die beiden Hühner außer Sichtweite waren. „Wie heißt du denn?“, fragte Karl zurück und der Kleine antwortete: „Benjamin.“ „Und ihr anderen?“, fragte Karl. Aber die drei anderen schauten verschreckt und wagten nicht, den Schnabel zu öffnen.

> Fragen: Kennen Sie das, dass man in einer fremden Umgebung verschreckt ist? Was hilft dann dabei, sich wohlzufühlen?

„Wie wär's mit Fußball?", schlug Karl vor, „ich habe einen Ball mitgebracht", ergänzte er und wies auf einen schicken schwarz-weißen Lederball. Er spielte einen kurzen Pass zu Maximilian, der lupfte den Ball kurz an und schoss ein unhaltbares Ding direkt in die offene Tür des Schuppens! „Tooor!", brüllte Maximilian und da kam Leben in die vier Küken. Zwei sortierten sich bei Maxi ein, zwei versteckten sich hinter Karl. Maximilian und seine Küken stürmten was das Zeug hielt auf Karl und die beiden Angsthasen hinter ihm ein. 10:0!

[!] Aktion: Kicker-Turnier. Haben Sie keinen Kicker, bauen Sie aus zwei Kartons Tore, stellen diese auf den Tisch und spielen Sie mit einem Tischtennisball.

[?] Fragen: Wer ist Fußballfan? Lieblingsverein? Wer ging ins Stadion?

„Ich bin fertig", stöhnte Maximilian, „ich brauch 'ne Pause." „Ich auch", stimmte Karl sofort zu. Erschöpft sanken sie auf ihre Stühle. Maximilian holte ein großes kariertes Taschentuch aus seiner Hose und wischte schnaufend seine Stirn. Ein Küken kam neugierig näher. „Was hast du da?", fragte es. Es war wieder der kleine Benjamin. „Na ein Dingens", sagte Maximilian, wie üblich, wenn ihm ein Wort entfallen war. „So ein Dingens habe ich noch nie gesehen", sagte Benjamin. „Ach, das braucht man für alles mögliche, ich hab'schon ewig eins dabei. Mein erstes bekam ich von meinem Vater geschenkt, als ich noch ein Junge war. Aber das ist schon sooo lange her", schloss Maximilian.

[?] Fragen: Wer benutzt auch Stofftaschentücher? Lieblingstuch? Wozu braucht man so ein Tuch? Wo wird das Tuch getragen? Gibt es Sonntags- und Alltagstücher?

[!] Aktion: Verschiedene Tücher fühlen und beschreiben lassen, falten lassen.

Alle vier Küken standen nun dicht vor ihm und schauten aufmerksam. „Als du ein Junge warst, habt ihr da auch Fußball gespielt?“, fragte ihn Benjamin. Maximilian lehnte sich zurück. „Oh ja“, sagte er, „allerdings hatten wir damals nicht so einen schönen Lederball. Unseren Ball hatten wir aus alten Lumpen zusammengebunden. Unser Tor waren zwei löchrige Blecheimer. Aber Spaß gemacht hat es dennoch.“ Die Küken machten große Augen. „Kannst du uns mehr erzählen?“, bat Benjamin, „von damals als du ein Junge warst?“

[?] Fragen: Womit haben Sie als Kind gespielt? Lieblingsspiele?

Und so fing Maximilian an, aus seiner Kindheit zu berichten. Alle hörten gebannt zu. Als Lore und Maria erschienen, um die Küken abzuholen, machten alle vier lange Gesichter. „Wir wollen noch nicht gehen“, jammerten sie. Aber sie mussten doch, denn es war Zeit für's Abendbrot. Maria tröstete sie mit den Worten, dass ja am nächsten Montag wieder Chorprobe sei. Maximilian und Karl winkten ihren Besuchern zum Abschied hinterher. „Das war schön“, sagte Maximilian. „Ich habe lange nicht mehr an meine Kindheit gedacht. Aber jetzt ist wieder alles ganz lebendig“, fügte er lächelnd hinzu.

> [?] Fragen: Wem geht es auch so, wenn er aus seiner Kindheit berichtet? Wird dann alles wieder ganz lebendig?

„Ich fand’s auch schön“, sagte Karl, „aber das nächste Mal machen wir euch beim Fußball fertig!“ „Haha“, erwiderte Maximilian nur, steckte seine Kopf unter die Flügel und schloss die Augen. Auch Karl rollte sich ein, zufrieden mit seinem Tagewerk und schloss ebenfalls die Augen. Und mit der Vorfreude auf den kommenden Montagnachmittag schliefen beide ein.

> [!] Aktion: Gehen Sie in Kooperation mit einer Kita oder Grundschule. Die Generationen können viel voneinander lernen. Suchen Sie nach gemeinsamen Aktionen (Kicker-Turnier).

Verlaufen und Schulerinnerungen

Eines Tages war Maximilian wieder einmal verschwunden. Irmchen, Maria und Karl suchten bereits seit über einer Stunde nach ihm, ohne Erfolg. Sie standen gerade in der Mitte des Hofes, um sich weiter zu beratschlagen, als der Brauereihund Arno in der Hofeinfahrt auftauchte. Im Schlepptau: Maximilian mit hängendem Kopf. Irmchen und Maria waren sehr erleichtert, Maximilian in einem Stück und heil wiederzuhaben. Irmchen öffnete gerade den Schnabel, um loszulegen, als Maria ihr einen Tritt gegen das Bein versetzte. Irmchen schloss den Schnabel.

[?] Fragen: Haben Sie auch mal einen Tag, an dem der Kopf hängt?

[!] Aktion: Mal alle den Kopf hängen lassen!

Alle Freunde und der Brauereihund Arno setzten sich vor den Tischlerschuppen. Maxi ließ immer noch den Kopf hängen. Also ergriff Arno das Wort: „Ich habe Maximilian im Dorf getroffen. Als ich ihn fragte, wo er hinwolle, konnte er mir keine Antwort geben. Da hab ich gedacht, ich begleite ihn mal nach Hause." Maximilian ließ noch immer den Kopf hängen. Leise sagte er: „Es ist so beschämend, wenn man vergisst. Ich habe einfach vergessen, wo ich hinwollte. Und auf einmal fand ich auch nicht mehr den Rückweg. Da habe ich es mit der Angst bekommen. Ein Glück, dass ich Arno getroffen habe. Und ich bin sehr froh, wieder zu Hause zu sein."

> [?] Fragen: Haben Sie sich schon einmal verlaufen? Wie haben Sie sich geholfen? Hatten Sie den Mut, um Hilfe zu bitten? Finden Sie es beschämend, sich zu verlaufen?

Karl schaute Maximilian an. „Ich hätte da eine Idee", sagte er. „Wie wäre es, wenn ich mit meiner Hundehütte neben deinen Schuppen ziehe? Und wenn du dann loswillst, was erledigen, dann begleite ich dich einfach, oder ich helfe dir beim Suchen, wenn du mal was verlegt hast." „Ja", sagte Maximilian erleichtert, „das können wir gerne machen." Und so legten Karl, Arno und Maximilian noch am gleichen Tag los.

> [?] Fragen: Ist es eine gute Idee, mit anderen zusammenzuziehen, wenn man Hilfe braucht? Haben Sie etwas Ähnliches erlebt?

Sie brachten Karls Hütte herüber und stellten sie gleich neben dem Schuppen auf. Dann schleppten sie alles, was ein Hund von Welt benötigt, heran. Kissen, Decken, Schüsseln, Knochen, Lesebrille und so einiges mehr.

[?] Fragen: Was denken Sie, was braucht ein Hund? Wer hatte einen Hund? Wie war sein Name?

Am Nachmittag war alles erledigt. Karl, Maximilian und Arno gönnten sich gerade ein kühles Bier nach getaner Arbeit, als das Küken Benjamin erschien. Auch er ließ heute den Kopf hängen. Unter seinem Arm klemmte ein Schreibheft. „Na Kleiner", fragte Karl, „wo drückt der Schuh?" „Schule ist doof", sagte Benjamin. „Ich versteh das nicht", klagte er und zeigte sein Mathematikheft vor. Karl fing an zu lachen. „Jaa", sagte er gedehnt, „Mathematik hab ich auch nicht gemocht. Da hatten wir einen ganz strengen Lehrer. Der hat mir immer auf die Pfoten gehauen." „Was?", rief der kleine Benjamin entsetzt. „Ich musste immer stundenlang in der Ecke stehen, auch wenn ich gar nichts angestellt hatte", erinnerte sich jetzt auch Arno. „Das gibt's ja nicht", staunte der kleine Benjamin.

[?] Fragen: Wer erinnert sich an Strafen, wenn er etwas ausgefressen hatte? Wer erinnert sich an seine Schule?

[!] Aktion: Schauen Sie gemeinsam alte Schulfotos an.

„Und ich", trumpfte Maximilian auf, „musste 100 Mal abschreiben ‚Ich darf dem Lehrer keinen nassen Schwamm auf den Stuhl legen'." „100 Mal?", fragte Benjamin und dann blieb ihm der Schnabel offen stehen, als die drei aus ihrer Schulzeit berichteten.

[?] Fragen: Wer erinnert sich an seine Schulstreiche? Kann jemand davon berichten?

Maximilian erzählte, dass alle Jungen einen sauberen Scheitel haben mussten, und dass sein Haar sich einfach nicht zu einem Scheitel kämmen ließ. Deshalb hatte seine Mutter ihm jeden Morgen eine klebrige Paste in die Haare geschmiert. Damit der Scheitel saß. Maximilian schüttelte sich bei dem Gedanken an die Paste.

[?] Frage: Wie heißt die Paste, die Maximilian ins Haar geschmiert wurde? (Pomade) Wer musste das auch über sich ergehen lassen? Welche Frisuren trugen die Mädchen? (Zöpfe)

Karl erzählte, dass alle Kinder aufstehen mussten, wenn der Lehrer kam. Auch wenn man in der Stunde antwortete, musste man aufstehen. Arno erzählte, dass er immer in der Klasse hinten sitzen musste. Hinten saßen die Dummen. Dabei war Arno nicht dumm, sondern nur klein. Und weil er klein war, wurde er immer gehänselt. Weil er sich das nicht bieten lassen wollte, war er immer wieder in Prügeleien verstrickt. Also wurde auch er nach hinten gesetzt.

[?] Fragen: Stimmt das, dass hinten die Dummen saßen? Wer hatte auch mal eine Prügelei auf dem Schulhof? Wer hat gewonnen?

„Und mit links schreiben war auch verboten", sagte Maximilian. „Das war für mich ganz doof. Denn ich kann nur mit links schreiben." „Was hast du dann gemacht?", fragte Benjamin. „Mit rechts gekrakelt", antwortete Maximilian. „Aber manchmal ist Schule auch toll", sagte Karl, „weil man dort auch gute Freunde findet." „Stimmt", sagte Benjamin, „das Beste an der Schule sind die Pausen. Weil man dort mit seinen Freunden spielen kann."

Fragen: Wer schließt sich dem kleinen Benjamin an und findet auch die Pausen am besten? Hatten Sie auch eine beste Schulfreundin/einen besten Schulfreund? Hat die Freundschaft heute noch Bestand?

„Gib mal das Mathematikheft her", sagte Maximilian, „mit Zahlen bin ich gut. Ich war früher mal Tischlermeister." Und so erklärte Maximilian dem kleinen Benjamin die geheimnisvolle Welt der Zahlen. Als Lore Benjamin nach Hause rief, ging er erhobenen Hauptes heim. Und Maximilian ging erhobenen Hauptes in seinen Tischlerschuppen, mit dem sicheren Gefühl, heute etwas Wertvolles weitergegeben zu haben.

Aktion: Das Haupt erheben, heute gehen alle erhobenen Hauptes nach Hause!

Die Chor-Reise

Der Chor probte nun schon seit einigen Monaten. Herr Fischer (der Storch und Chorleiter) spürte seinen Ehrgeiz in sich erwachen. Er wollte mit seinem Chor in der Öffentlichkeit auftreten. Denn das Brot des Künstlers ist nun mal Applaus.

[?] Fragen: Sind Sie auch ehrgeizig? Was bringt Sie in Schwung? Ist es der Applaus wie bei einem Künstler? Klopfen Sie sich auch mal selbst auf die Schulter?

Er ließ seine Frau die Nachricht ein wenig rumklappern und schon bald erreichte ihn eine Einladung des Ostseeheilbades Grömitz. Sie dürften sehr gerne am Sonntagnachmittag im Kurmittelhaus ihren Gesang vortragen. Bei der nächsten Chorprobe verkündete er die Neuigkeit: „Meine Damen, wir haben unseren ersten Auftritt. Am Sonntagnachmittag, im Ostseeheilbad Grömitz." Er hatte den Satz kaum beendet, da brach ein unvorstellbares Gegacker und Geschnatter los! „Was" und „wie" wurde laut von den Hühnern gerufen, „wir sind noch niemals verreist!" Vor lauter Aufregung rannten sie im alten Wäschekeller, der ja als Proberaum diente, umher.

[!] Aktion: Welches Sprichwort verbirgt sich hier? Wie ein aufgescheuchtes Huhn herumrennen.

[?] Fragen: Wer findet verreisen auch so aufregend und spannend?

„Ruhig, meine Damen“, rief Herr Fischer, „wir werden alles organisieren. Bitte setzen Sie sich erst mal hin. Also, wir werden alle gemeinsam am Samstag mit dem Zug fahren. Wir übernachten im Hotel ‚Zugvogel‘. Am Sonntag treten wir auf und am Abend fahren wir mit dem Zug wieder nach Hause.“ Aber auch diese Aussage beruhigte die Hühner keinesfalls. „Wer passt auf die Küken auf?“, rief das Huhn Lore. „Wir fragen Maximilian und Karl. Die sagen bestimmt ja“, sagte Irmchen munter. „Ich war noch nie an der Ostsee“, warf ein weiteres Huhn ein, „ist es dort sehr kalt?“ „Nein“, antwortete die Katze Pauline, „nur windiger als zu Hause. Weil das Meer den Wind trägt. Ich habe oft Urlaub an der Ostsee gemacht. Wunderbarer frischer Fisch, weicher Sandstrand, der Geruch von Meer und Salz, ach das war so erholsam“, schloss sie.

[?] Fragen: Wer hat auch gerne Urlaub an der See gemacht? Was hat Ihnen dort gefallen? Fisch, Wind oder Strand? Wie riecht das Meer?

[!] Aktion: Lassen Sie einige Fischstückchen herumgehen und probieren, zeigen Sie Fotos mit alten Badeszenen, sprechen Sie gemeinsam über die Bademode der damaligen Zeit.

> [?] Fragen: Wer kennt noch die Badekarren, in denen sich umgezogen wurde?

„Was sollen wir denn zu unserem Konzert anziehen?“, fragte ein weiteres Huhn nun schon etwas beruhigter. Nun schaltete Herr Fischer sich wieder ein: „Wir tragen jeder etwas Weißes und etwas Rotes. Jeder kann selbst entscheiden, was er auswählt. Das kann ein roter Hut sein oder weiße Handschuhe, nutzen Sie ihre Fantasie meine Damen! Gibt es noch weitere Fragen? Also, Samstagmorgen, 9:00 Uhr, Treffpunkt in der Hofmitte“, gab er abschließend bekannt.

> [?] Fragen: Haben Sie Lieblingsfarben bei Ihrer Bekleidung? Welche?

Es folgten einige aufregende Tage mit Frisörbesuchen, Kleidungsauswahl und Kükenbetreuungsplänen. Endlich war der Samstagmorgen gekommen. Herr Fischer dirigierte seine Chordamen sicher zum Bahnhof und um Punkt 10:00 Uhr saßen alle im Zug, auf dem Weg an die Ostsee. Herr Fischer hatte zwei Abteile reserviert. In dem ersten nahmen die Hühner unter aufgeregtem Geschnatter Platz. In dem zweiten saßen Irmchen und Maria, Herr und Frau Fischer und Pauline, die Katze. Pauline war glücklich. „Es ist fast so wie früher, als wir mit der ganzen Familie in den Urlaub gefahren sind. Nur, dass die Bänke viel härter waren“, sagte sie lächelnd und machte es sich in den Polstern bequem.

[?] Fragen: Wer ist auch mit dem Zug gereist? Wohin? Kann sich jemand an die Holzbänke erinnern? Wie lange konnte man es aushalten, bis der Po wehtat?

„Ich schau mal nach den Damen nebenan", sagte Herr Fischer und verließ das Abteil. Die Hühner hatten sich inzwischen beruhigt und fingen an, es sich gemütlich zu machen. Lore hatte einen Picknickkorb vorbereitet und eine Decke mitgebracht. Sie waren gerade damit beschäftigt, alles auszubreiten, als Herr Fischer den Kopf ins Abteil steckte. „Alles in Ordnung, meine Damen?", fragte er. „Ja", riefen sie, „so schön hätten wir uns das Reisen nicht vorgestellt. Wie schnell die Landschaft am Fenster vorbeizieht. Der schnelle Wechsel der Farben und das leichte Ruckeln und Schütteln des Zuges …"

[?] Fragen: Was hat Ihnen am Reisen gefallen?

Sie wollten noch mehr Lob auf das Reisen ausschütten, als Herr Fischer seinen Kopf bereits zurückzog. „Alles in Ordnung bei den anderen", sagte er beim Zurückkommen, „aber die haben einen Picknickkorb", fügte er neidisch hinzu. „Haben wir auch", sagte Frau Fischer und angelte nach dem Verpflegungsbeutel, „Reisen macht hungrig." Sie fischte einige gegrillte Mäuse aus ihrem Beutel und reichte sie herum.

[?] Fragen: Mögen Sie es auch, wenn der Zug rüttelt und schüttelt?

[!] Aktion: Alle sich einmal rütteln und schütteln, als säße man im Zug.

[?] Fragen: Welchen Reiseproviant haben Sie mitgenommen? Hatten Sie auch einen Picknickkorb? Was gehört in solch einen Korb?

[!] Aktion: Füllen Sie gemeinsam einen Picknickkorb mit Geschirr, Besteck, Würstchen etc.

Als alle gesättigt waren, hielten sie gemeinsam ein kleines Nickerchen bis zur Endstation ihrer Reise.

Tanzvergnügen und Chor-Auftritt

Am Grömitzer Bahnhof wurden sie von dem Kurmittelhausdirektor in Empfang genommen. „Mein lieber, lieber Herr Fischer, wir haben uns ja schon so lange nicht gesehen!“, rief der Direktor theatralisch aus und umarmte Herrn Fischer. Die Hühner kicherten verstohlen hinter ihren Flügeln. „Und was haben Sie mir da für eine wunderbare Damengruppe mitgebracht!“, rief der Direktor erneut, lief auf die Damen zu und verteilte Handküsse. „Kommen Sie, kommen Sie“, rief er, „ich bringe Sie in Ihr Quartier. Das Haus ‚Zugvogel‘, das beste Haus am Platze. Für alle Damen Zimmer mit Balkon und Meeresblick. Heute Abend ist eine Tanzveranstaltung! Ich hoffe doch sehr, Sie dort alle begrüßen zu können.“

[?] Fragen: Wer ging im Urlaub auch gerne tanzen? Ist jemand ein begeisterter Tänzer/Tänzerin?

Im Haus ‚Zugvogel‘ wurden die Zimmer und Schlüssel verteilt und man verabredete sich um 19:00 Uhr im Hotelrestaurant zum Abendbuffet und anschließendem Tanzvergnügen. Irmchen und Maria verbrachten den Nachmittag am Strand. Sie mieteten sich einen Strandkorb und genossen die Sonne, das Kreischen der Möwen und die frische Seeluft. Da Seeluft auch sehr hungrig macht, war der

Chor pünktlich zum Abendbuffet versammelt. Das Buffet war einfach großartig.

[?] Fragen: Was essen Sie am liebsten am Buffet? Salat, Fleisch oder lieber von den Nachspeisen?

Für jeden war etwas dabei und alle aßen mehr als sie eigentlich konnten, da die Speisen so appetitlich aussahen und rochen. Irmchen balancierte eine halbe Zitrone auf ihrem Teller. Lore sah sie fragend an. „Eine Zitrone", erklärte Irmchen, „denn sauer macht …"

[?] Frage: ergänzen lassen (lustig).

… fügte sie hinzu und biss herzhaft hinein. Lore schüttelte nur den Kopf.

[?] Fragen: Wer isst gerne die Dekoration wie Zitrone und Petersilie am Buffet?

[!] Aktion: Reichen Sie eine zerteilte Zitrone herum zum Riechen. Wer sich traut, darf auch reinbeißen.

Nachdem sie das Abendessen beendet hatten, schoben sie ab in den Tanzsaal. Eine Kapelle spielte die Schlager der letzten 50 Jahre und so war es wie am Buffet – es war für jeden etwas dabei. Maria wurde umgehend von dem Kurdirektor zum Tanz aufgefordert und Irmchen bekam sie für die nächsten zwei Stunden nicht mehr zu sehen. Herr Fischer schnappte sich seine Frau und wirbelte sie auf das Parkett. Irmchen hakte Lore unter und schunkelte mit ihr im Takt. Pauline wiederum hatte einen schwarzen Kater gefunden, mit dem sie gemeinsam lauthals jeden Schlager mitsang. Es war ein sehr vergnüglicher Abend und alle kamen spät ins Bett.

[?] Fragen: Was machen Sie auf einer Tanzveranstaltung? Tanzen, Schunkeln, Singen? Wer kann Tango oder Walzer? Wer hat einen Lieblingstanz? Einen Lieblingsschlager?

[!] Aktion: Veranstalten Sie eine Ü 70 Party. Laden Sie auch alle Nachbarn, Angehörigen etc. dazu ein. Sorgen Sie für die richtige Dekoration und spielen Sie die Hits der 1950er-1970er Jahre.

Am kommenden Nachmittag versammelte Herr Fischer seine Chordamen im Kurmittelhaus. Sie machten nochmals eine kurze Probe und legten ein letztes Mal die Reihenfolge der Lieder fest. Langsam füllte sich das Kurhaus. „Bestimmt 100 Gäste“, schätzte Herr Fischer zunehmend nervös. Wie nervös die Hühner waren, das kann sich wohl jeder vorstellen. Um Punkt 15:00 Uhr legte der Chor los mit der „Ode an die Freude“.

[?] Fragen: Wer kennt das Lied „Ode an die Freude“?

[!] Aktion: Rezitieren oder singen Sie gemeinsam:

Freude, schöner Götterfunken,
Tochter aus Elisium,
Wir betreten feuertrunken,
Himmlische, dein Heiligtum.
Deine Zauber binden wieder,
Was der Mode Schwert geteilt,
Alle Menschen werden Brüder,
Wo dein sanfter Flügel weilt.

Um 16:00 Uhr war das Kurhaus überfüllt. So viele Spaziergänger hatten sich von dem Gesang in das Kurhaus locken lassen. Herr Fischer schwitzte unter seinem roten Jackett, die Stirnfedern waren schweißdurchtränkt, aber er holte alles aus seinem Chor heraus. Nach der letzten Zugabe verneigte sich der Chor unter tosendem Applaus. Das Konzert war ein voller Erfolg! Herr Fischer war überglücklich. Er hatte sich einen Traum erfüllt. Alle Hühner waren voll Stolz. Sie hatten gemeinsam ein aufregendes, neues Abenteuer bestanden. Irmchen und Maria hatten das Gefühl, als würden sie auf einer Wolke schweben. „Ich fühle mich wie eine Prinzessin", vertraute Maria Irmchen an, „aber sag's nicht weiter." „Und ich fühle mich wie ein Star", gab Irmchen zurück, „aber sag's nicht weiter."

[?] Fragen: Was macht Sie stolz? Wenn man etwas Neues meistert? Ein schwieriges Problem löst? Einem anderen Freude oder Trost spendet? Kennen Sie das, wenn man sich wie eine Prinzessin/ein Prinz fühlt?

Und so reiste der Chor wieder nach Hause, zurück auf den Bauernhof. Im Gepäck Freude, Stolz und viele neue Erfahrungen.

Liebe im Alter

Einige Tage nach dem Chorauftritt saßen Irmchen und Maria bei Maximilian. Sie berichteten in aller Ruhe und Ausführlichkeit von ihrer Chorreise. Maximilian hörte dem Geplauder der beiden Freundinnen freundlich zu, bis Irmchen an die Stelle mit Maria und dem tanzenden Kurdirektor kam. Maximilians Miene verfinsterte sich schlagartig. Er sagte nichts, aber Irmchen sah es dennoch. Maria, die ja nicht sehen konnte, hörte eine deutliche Veränderung in seiner Stimmlage als er nach Abschluss des Reiseberichtes sagte: „Na, ihr hattet ja viel Spaß. Ich muss jetzt los, hab' noch was mit Karl zu erledigen."

? Fragen: Was ist mit Maximilian los? Ist er in Maria verliebt? Wie benimmt sich ein verliebter Mann?

Irmchen und Maria gingen ein wenig irritiert nach Hause. Maximilian ging auf kürzestem Weg zu Karl. „Das musst du dir mal vorstellen", sagte er empört zu Karl, „Maria hat die ganze Nacht mit dem Kurdirektor getanzt." Dabei funkelten aus seinen Augen Blitze. „Na, das ist doch schön", antwortete Karl. „Nein, ist es nicht", sagte Maximilian. „Warum nicht?", fragte Karl. „Weil ich das nicht will", sagte Maximilian, zunehmend aufgebracht. Er fing an, im Kreis herumzugehen, wie immer, wenn er aufgeregt war. Karl schaute ihm eine Weile zu.

[?] Fragen: Wer geht auch im Kreis herum, wenn er aufgeregt ist? Was machen Sie, wenn Sie aufgeregt sind? Werfen Sie die Arme in die Luft? Schimpfen Sie laut?

[!] Aktion: Alle mal aufgeregt die Arme in die Luft werfen und mit den Händen wedeln!

Dann fragte er: „Maxi, bist du in Maria verliebt?“ „Hab’noch nicht darüber nachgedacht“, erwiderte Maximilian, sah aber irgendwie erleichtert aus. „Dann mach das mal“, meinte Karl und ging zu seiner Hütte davon. Maximilian verbrachte eine unruhige Nacht. Nachdenken war seit einigen Jahren nicht mehr seine Stärke. Dafür nahm er seine Gefühle umso deutlicher wahr. Diese schienen in Unordnung zu kommen, sobald Maria auftauchte. „Kann es tatsächlich sein“, fragte sich Maximilian, „dass man sich als alter Uhu noch einmal verliebt? Und wenn er es Maria sagte, würde sie ihn dann auslachen? Was wäre mit Irmchen?“

[?] Fragen: Wer kennt diese Zweifel, wenn man verliebt ist? Wer hat sich schon einmal im Alter verliebt? Ist gerade jemand aktuell verliebt? Ist Verliebtsein im Alter anders, als in der Jugend?

Das war alles viel zu kompliziert, um darüber alleine nachzudenken. Also erforschte Maximilian seine Gefühle. Wenn er Maria sah, wurde er nervös. Wenn er sie sich in den Armen eines anderen vorstellte, wurde er wütend. Sein

Herz klopfte schneller, wenn er an ihr bezauberndes weißes Federkleid dachte. Und auf einmal war sich Maximilian sicher: Ja, er hatte sich in Maria verliebt. Doch was nun?

[?] Fragen: Was würden Sie Maximilian raten? Wann klopft Ihr Herz schneller?

[!] Aktion: Alle legen einmal die Hand auf ihr Herz. Reichen Sie Herzen aus verschiedenen Materialien herum z.B. Holz, Wolle, lassen Sie diese fühlen. Gibt es einen Favoriten?

Nach kurzem unruhigem Schlaf ging er hinüber zu Karl. „Du hattest recht", sagte er zu Karl, „ich bin verliebt. Was mach ich denn nun? Das ist alles so verworren in meinem Kopf." „Ach was, verworren", sagte Karl verächtlich, „geh hin und sag es ihr. Wir sind nur einmal jung. Heute ist der erste Tag vom Rest deines Lebens", rief er Maximilian ermunternd zu. „Und wie soll ich das anstellen?", fragte Maximilian. „Wie wäre es mit einem Gedicht?", schlug Karl vor.

[!] Aktion: Lesen Sie das folgende Gedicht vor:

Gefunden

Ich ging im Walde
So für mich hin,
Und nichts zu suchen,
Das war mein Sinn.
Im Schatten sah ich

Ein Blümchen stehen,
Wie Sterne leuchtend,
Wie Äuglein schön.
Ich wollt es brechen,
Da sagt es fein:
Soll ich zum Welken
Gebrochen sein?
Ich grub's mit allen
Den Würzlein aus.
Zum Garten trug ich's
Am hübschen Haus .
Und pflanzt es wieder
Am stillen Ort;
Nun zweigt es immer
Und blüht so fort.
(Johann Wolfgang von Goethe)

Karl rezitierte das Gedicht und Maximilian gefiel es sehr gut. Er schrieb es fein säuberlich auf. Dann trank er mit seinem Freund Karl einen Schnaps auf gutes Gelingen. Da Maximilian nicht noch eine weitere schlaflose Nacht verbringen wollte, machte er sich beherzt auf den Weg zum Hühnerstall. Maria lag in ihrem Liegestuhl und strickte an einer Decke. Sie hörte Maximilian kommen und wandte sich lächelnd in seine Richtung. „Liebe Maria", hob er an, „ich habe dir etwas mitgebracht. Es ist ein Gedicht." Maria liebte Gedichte. „Wie schön", sagte sie, „ich höre dir gerne zu." Und so trug Maximilian sein Gedicht vor. „Ganz wunderschön", seufzte Maria, als Maximilian geendet hatte. „Aus welchem Grund trägst du es mir vor?" „Weil ich dich liebe", antwortete Maximilian mutig.

[?] Fragen: Wer hat auch schon einmal mit einem Liebesgedicht ein Herz erobert? Wer kennt ein weiteres Liebesgedicht? Aufsagen lassen.

Mit dem, was dann passierte, hatte Maximilian nicht gerechnet. Maria federte aus ihrem Liegestuhl wie ein junges Huhn, die angefangene Decke landete im Sand. Sie streckte die Flügel nach Maximilian aus und schloss ihn fest in die Arme. Dann lachte sie, schob ihn ein Stückchen zurück und sagte: „Und weißt du was das Tollste ist? Ich liebe dich auch.“ Gemeinsam spazierten sie zurück zum Tischlerschuppen. Sie kuschelten sich in Marias Decken und fingen an, sich aus ihren Leben zu erzählen. Da sie schon sehr lange lebten, gab es viel zu erzählen. „Das macht nichts“, dachte sich Maximilian, „wir haben noch den Rest unseres Lebens Zeit. Denn heute ist der erste Tag vom Rest meines Lebens.“

Arbeitsleben

Nachdem Maximilian und Maria einige Wochen viel Zeit miteinander verbracht hatten, bat Maximilian Maria, zu ihm in den Tischlerschuppen zu ziehen. Dank Frau Fischer, die das Klappern nun mal nicht lassen konnte, wussten alle Bewohner des Bauernhofes bereits über das neue Liebespaar Bescheid. Und diese freuten sich für die beiden. So war es eine Selbstverständlichkeit, dass beim Umzug alle mit anfassten.

? Fragen: Kennen Sie auch jemanden, der alle Neuigkeiten herumerzählt? Mögen Sie Neuigkeiten aus der Nachbarschaft hören? Oder interessiert Sie das nicht so sehr?

Auch Marias Nichte und ihr Mann, der aufgeblasene Gockel, waren zum Helfen gekommen. Der aufgeblasene Gockel beschränkte sich freilich auf das Erteilen guter Ratschläge. Dennoch war der Umzug schnell geschafft, denn Marias Habe war recht gering. Karl und Maximilian trugen nach getaner Arbeit ein paar Stühle sowie einige Flaschen kaltes Bier auf den Hof. Stöhnend ließ der Gockel sich auf einem Stuhl nieder und wischte sich mit einem Tuch die Stirn. „Was für eine Arbeit“, ächzte er, und griff nach einer Flasche. Maximilian und Karl tauschten vielsagende Blicke aus.

Fragen: Kennen Sie auch so jemanden? Der immer gute Ratschläge hat, aber nie mit anfasst? Und dann auch noch stöhnt? Haben Sie Freunden beim Umzug geholfen?

„Oh", jammerte der Gockel weiter, „bei uns auf dem Amt ist auch die Hölle los!" Maximilian und Karl nahmen sich auch eine Flasche und setzten sich schweigend. Der Gockel nahm einen kräftigen Schluck und kommentierte weiter: „Der Leiter des Wetteramtes hat den Wetterbericht für Dienstag verschlampt, und es wird mir in die Schuhe geschoben. Dabei habe ich ihm alles fix und fertig auf den Schreibtisch gelegt. Und er behauptet einfach, er hätte ihn nie bekommen. Und ich musste wieder Überstunden machen, weil dieser Trottel von Chef seinen Schreibtisch nicht in Ordnung halten kann."

Fragen: Welchen Beruf hatten Sie? Oder mehrere Berufe? Wer kennt das, dass man die Arbeit des Chefs erledigen muss? Überstunden machen? Wer hatte einen netten Chef?

Der Gockel hatte sich schlimmer denn je aufgeblasen und sein Kopf war hochrot. „Trink noch 'nen Schluck", meinte Karl, „also so ein Bürojob wäre nichts für mich!" „Für mich auch nicht", schloss sich Maximilian an. „Aber schöne und unangenehme Seiten hat doch jede Arbeit", sinnierte Maximilian ein wenig weiter. „Ich bin ja Tischlermeister, so wie es mein Vater und auch mein Großvater waren. Ich hatte gar keine Wahl, ich musste auch Tischler werden."

> Fragen: Wer hatte auch keine Wahl bei der Berufswahl? Wer hat den Beruf nach Vorgabe der Eltern ergriffen? Hat der Beruf Freude gemacht?

„Wir hatten ein eigenes Geschäft. Dort beschäftigten wir Gesellen und einen Lehrling. Meine Frau hat das Büro geführt. Ach, das war eine schöne Zeit. Ich habe so gerne gezeichnet und gebaut. Ich konnte viel von meinem Wissen weitergeben. Hatte immer wieder mit Neuem zu tun, es wurde nie langweilig."

> Fragen: Wer kennt ein Sprichwort für das Handwerk? (Handwerk hat goldenen Boden)
> Wer hatte auch einen eigenen Betrieb? Was für einen? Hat die Arbeit Freude gemacht?

„Und was war unangenehm?", fragte Karl. „Manche Kunden", sagte Maximilian. „Die einen wollten nicht zahlen, den anderen konnte man es nie recht machen." „Das kenn' ich", sagte der Gockel, „am Wetterbericht meckern auch immer alle herum." „Und bei dir?", fragte Maximilian Karl. „Ich hatte ein gutes Leben als Hofhund. Mein Chef war der Bauer, das war ein netter Kerl. Hat mir voll vertraut und mir ganz freie Hand gelassen. Einmal habe ich sechs verirrte Küken ganz alleine eingefangen! Seitdem wusste er, er kann sich auf mich verlassen", fügte er stolz hinzu. „Und was war doof?“, fragte Maximilian Karl. „Wenn es sehr kalt war draußen zu schlafen und dass ich niemals in den Urlaub fahren konnte“, erwiderte Karl.

Fragen: Was hat Sie an Ihrer Arbeit stolz gemacht? Was ging leicht von der Hand?

„Kenn ich“, murrte der Gockel, „meine Urlaubsanträge werden auch immer abgelehnt.“ „Sag mal“, sagte Karl zu dem Gockel, „was macht dir eigentlich auf deiner Arbeit Spaß?“ Der Gockel wiegte den Kopf einen Moment lang hin und her. „Die Kollegen“, sagte er schließlich, „die sind nett. Am schönsten ist unsere Frühstücksrunde. Da gibt es immer was zu lachen.“

Fragen: Wer hatte auch nette Kollegen? Wie lange haben Sie mit so manchem zusammengearbeitet? Aus Kollegen können Freunde werden, haben Sie so etwas erlebt?

Er dachte ein bisschen mehr nach. „Ich habe jedes Jahr 30 Tage Urlaub und bekomme mein Gehalt immer pünktlich am Ersten“, fügte er noch hinzu. „Siehste“, sagte Maximilian, „so ist das im Leben, überall Licht und Schatten!“

Und mit dieser Gewissheit im Sinn tranken die drei ihr Bier aus und ließen den lieben Gott einen guten Mann sein.

Irmchen wird krank

Eines Tages passierte etwas Unerwartetes: Irmchen wurde krank. Sie war nicht zu ihrem täglichen Besuch bei Maria und Maximilian erschienen. Maria wurde unruhig und drängte Maximilian, zur alten Kastanie zu fliegen, um nach ihr zu sehen.

[?] Fragen: Werden Sie auch unruhig, wenn Sie von Familie und Freunden nicht regelmäßig hören?

Er kam schon nach wenigen Minuten aufgeregt zurück. „Irmchen ist krank“, rief er schon im Landeanflug, „ganz schlimmes Fieber!“ Und er begann aufgeregt und ratlos im Kreis herumzulaufen. Maria dachte einen Moment nach und sagte dann: „Flieg zu Frau Fischer. Sie soll herumklappern, dass Irmchen sehr krank ist und wir Hilfe brauchen.“ Frau Fischer klapperte die Nachricht in einer atemberaubenden Schnelligkeit und Lautstärke herum. Kaum eine Viertelstunde später landete eine schneeweiße Taube auf der Mitte des Hofplatzes. Sie trug ein Köfferchen mit rotem Kreuz unter dem Flügel und blickte sich suchend um. „Ich bin Gemeindeschwester“, rief sie, „hier soll jemand schwer erkrankt sein!“

[?] Fragen: Wer hat auch schon einmal die Hilfe der Gemeindeschwester benötigt?
Wer kennt das Symbol auf dem Köfferchen, welches die Schwester unter dem Arm trägt?

[!] Aktion: Zeigen Sie das Symbol des roten Kreuzes herum.

Maximilian und Maria eilten auf sie zu. „Gott sei Dank, dass Sie da sind", rief Maria, „meine Freundin Irmchen ist krank. Dort oben in der Kastanie, in ihrer Höhle." Die Gemeindeschwester flog zu Irmchens Höhle hinauf. Schon nach wenigen Minuten erschien sie wieder. „Ihre Freundin", sagte die Gemeindeschwester, „ist sehr krank. Sie hat die Vogelgrippe! Diese Erkrankung kann lebensbedrohlich sein, vor allem in fortgeschrittenem Alter! Sie benötigt unbedingt rund um die Uhr Betreuung und Pflege. Wer kann sie aufnehmen?" „Wir", antwortete Maria sofort, „sie kommt zu uns in den Tischlerschuppen."

[?] Fragen: Wer hatte auch schon mal die Grippe? Stimmt das, dass man im Alter schwerer erkrankt?

„Gut", sagte die schneeweiße Taube, „wir benötigen einen Krankentransport. Ihre Freundin kann und darf nicht fliegen." Maximilian dachte kurz nach, rannte dann in den Schuppen und kam mit einem Laken zurück. „Hol schnell die Fischers", wies er Maria an, und diese rannte rufend los. Herr und Frau Fischer wurden angewiesen, das Laken in ihre Schnäbel zu klemmen und leicht zu spannen.

> [!] Aktion: Spannen Sie gemeinsam ein Tuch auf, jeder hilft mit!

Dann flog Maximilian gemeinsam mit der Taube und den Fischers zu Irmchens Höhle auf. Vorsichtig hievten sie das stöhnende Irmchen in das Laken und gemeinsam flogen sie ganz sachte zum Tischlerschuppen. Maria hatte schon ihr Bett freigeräumt und dort legten sie Irmchen nieder. „Schnell“, sagte die Gemeindeschwester, „wir brauchen kaltes Wasser und Stoffstreifen.“ Karl, der inzwischen auch eingetroffen war, rannte mit einem Eimer los zum alten Brunnen. Die anderen schnappten sich ein weiteres Laken und rissen es in lange Bahnen.

> [?] Fragen: Was hat die Gemeindeschwester mit dem kalten Wasser und den Stoffstreifen vor? (Wadenwickel) Wer kennt das? Hat es selbst bei seinen Angehörigen genutzt?

„Wir machen Wadenwickel und kühle Kompressen“, sagte die Gemeindeschwester, „das Fieber muss unbedingt sinken. Sie müssen diese so lange erneuern, bis das Fieber um 1°C gesunken ist. Ich zeige Ihnen, wie das geht.“ Sie tauchte Stoffbahnen in das kalte Wasser und wickelte sie um Irmchens Beine. Darüber legte sie eine Lage trockene Tücher. Auf die Stirn kam eine weitere kühle Kompresse.

[!] Aktion: Fertigen Sie kleine kühle Kompressen und lassen Sie diese auf die Stirn legen.

[?] Fragen: Wie fühlt sich das an? Angenehm/unangenehm?

Die Gemeindeschwester erklärte das Fiebermessen und wie man die Werte in eine Fieberkurve einträgt. Dann holte sie aus ihrer weißen Tasche mit rotem Kreuz eine kleine Flasche mit dickflüssigem Saft. „Dreimal täglich einen Löffel in den Schnabel, und versuchen Sie, ihr ein wenig zu trinken einzuflößen. Ich komme morgen früh wieder." „Können wir noch irgendetwas für Irmchen tun?", fragte Maria bange. „Ja", sagte die Taube, „lassen Sie sie nicht alleine, streicheln oder singen ist auch hilfreich – und beten Sie."

[?] Frage: Wie haben Sie Ihre erkrankten Angehörigen gepflegt? Mögen Sie es, wenn Sie gestreichelt werden? Oder haben Sie lieber Ihre Ruhe, wenn Sie krank sind? Beten Sie?

Die Taube verabschiedete sich, und nun war es an den Freunden, für Irmchen alles zu geben. Sie erstellten einen Plan und beschlossen, sich alle vier Stunden abzuwechseln. So wachte als erstes Maria an Irmchens Seite, wechselte die Tücher, maß das Fieber und tröpfelte Wasser in ihren Schnabel. Dann übernahm Maximilian und anschließend Karl. Als die Gemeindeschwester am nächsten Morgen wiederkam, war das Fieber bereits um 1,5°C gesunken. „Sehr gut“, sagte die Schwester, „keine Wadenwickel mehr.“ Sie holte erneut ein Fläschchen aus ihrer Tasche. „Hiervon 20 Tropfen zur Nacht. Irmchen muss sich nun gesundschlafen. Ich komme morgen wieder“, verabschiedete sie sich.

Fragen: Hilft gesundschlafen bei Ihnen auch? Oder ist es eine Qual, im Bett zu liegen?

Langsam verbesserte sich der Zustand von Irmchen. Die Temperatur sank weiter und die Gemeindeschwester war mit ihrer Patientin zufrieden. Irmchen schlief und schlief und schlief sich gesund. Endlich, nach drei Tagen und Nächten, erwachte Irmchen. Sie schlug die Augen auf und schaute verwirrt umher. „Wo bin ich?“, fragte sie. „Irmchen“, rief Maria, die an Irmchens Bett gewacht hatte, „oh, ich bin so froh, dass du endlich wach bist!“ „Wieso, was ist denn los?“, fragte Irmchen und versuchte aus dem Bett aufzustehen. Doch sobald sie aufrecht saß, wurde ihr schwindelig und sie sank zurück in die Kissen. „Du bist krank“, erklärte Maria, „und du bist bei uns im Tischlerschuppen.“ Irmchen, die das alles noch nicht verstand, nickte ergeben und schloss wieder die Augen. Als die Gemeindeschwester am nächsten Morgen wiederkam, war sie sehr erfreut. „Es geht bergauf“, stellte sie fest und verordnete tägliche Gemüsesuppe mit frischen Würmern.

Frage: Welche Suppe haben Sie gekocht, um Ihre Angehörigen wieder auf die Beine zu bringen? Rezepte aufschreiben.

[!] Aktion: Kochen Sie nach einem/mehreren Rezepten gemeinsam eine Suppe.

Eine Woche nachdem ihre Freunde sie per Krankentransport aus ihrer Höhle geholt hatten, konnte Irmchen das Bett verlassen. Noch schwach saß sie in Marias Liegestuhl und ließ sich von der Sonne bescheinen. „Weißt du“, sagte Maria, „ich fände es besser, wenn du bei uns hier unten bleibst. Ich habe schon mit Maxi gesprochen. Er würde dir ein schönes Zimmer gleich an den Tischlerschuppen anbauen.“ Irmchen war zu schwach, um überzeugend zu protestieren. In ihrem tiefsten Innern wusste sie, dass es eine gute Idee war. Und so kam es, dass auch Irmchen umzog.

Papierflugzeuge und Wegweiser

Eines Montagnachmittags mussten Maximilian und Karl erneut auf die vier Küken aufpassen, da die Damen Chorprobe hatten. Das Küken Benjamin fragte wie üblich, kaum dass die Damen außer Sichtweite waren: „Was machen wir heute?“ „Heute“, sagte Maximilian, „bauen wir Papierflugzeuge.“ „Damit machen wir dann ein Wettfliegen“, ergänzte Karl, „der Konstrukteur des besten Fliegers erhält als Preis einen Dauerlutscher!“

> [?] Fragen: Wer kann auch Papierflugzeuge bauen? Wer hat als Junge/Mädchen damit gespielt? Welche Spielzeuge kann man noch aus Papier bauen?

Die Küken waren hellauf begeistert, denn Dauerlutscher waren von den Müttern streng verboten. (Ist schlecht für den Schnabel.) Maximilian hatte verschiedene Bauanleitungen für die Papierflieger aufgemalt. Nun durfte sich jedes ein Modell aussuchen und unter der Anleitung von Karl und Maximilian nachfalten. Jeder der beiden hatte natürlich die besten Geheimkniffe, um das perfekte Flugzeug zu falten. Die vier Küken schwitzen unter der neuen Aufgabe, bewältigten sie jedoch erfolgreich. Am Ende standen sechs schöne Papierflieger auf dem Tisch. Karl und Maximilian hatten einfach nicht widerstehen können, selbst einen perfekten Papierflieger zu bauen.

[!] Aktion: Papierflugzeuge bauen. Bauanleitungen hält das Internet bereit (z. B. http://www.besserbasteln.de/Origami/papierflieger.html).

Maximilian schnappte sich seinen Zollstock und marschierte auf den Hof. Die vier Küken und Karl hintendrein. Maximilian markierte den Abwurfpunkt mit einer Holzlatte und legte jeden Meter eine weitere dazu. Nach zehn Metern hielt er inne. „Das wird wohl reichen, weiter fliegt wohl keines der Flugzeuge", meinte er. „Zuerst die Kinder", sagte er, „Karl und ich fliegen außer Konkurrenz", schloss er an und funkelte kampfeslustig zu Karl herüber. Dieser blieb gelassen – Karl war sich seines perfekten Fliegers sicher.

[!] Aktion: Machen Sie einen Flugwettbewerb. Setzen Sie einen Preis für den Sieger aus.

[?] Fragen: Haben Sie als Kind auch um die Wette gespielt? Haben Sie mit Murmeln um die Wette gespielt? Andere Wettspiele?

Die Küken warfen einer nach dem anderen ab, und jeder Papierflieger segelte sanft wie eine Schwalbe über den Hof. Ausgerechnet dem kleinsten Küken gelang der weiteste Flug von 7,20 Metern. Stolz und glücklich verdrückte es sich mit seinem Dauerlutscher in eine Ecke. Nun war es an Karl und Maximilian. Zuerst Karl. Sein Flieger flog elegant über die 10-Meter-Marke hinaus und landete sanft auf dem Rasen. Dann kam Maximilian dran, sein Flieger flog elegant an die 10-Meter-Marke heran und wurde dort von einer Windböe erfasst. Diese trug den Flieger über die Wiese hinaus bis zur Hofeinfahrt, noch ein kleines Stückchen auf den Weg, dann ließ die Böe den Flieger los und dieser landete genau in einem Kuhfladen. „Gewonnen!“, schrie Maximilian. „Schiebung!“, schrie Karl. Die drei anderen Küken rannten lachend los, um sich die Bescherung anzusehen. „Wartet“, rief Karl streng, „wir gehen nur gemeinsam auf den Weg.“ Murrend blieben die Küken stehen. „Der Flieger ist nicht mehr zu retten“, sagte Maximilian, „lasst uns was anderes spielen.“

[!] Aktion: Laden Sie den Kindergarten (mit dem Sie jetzt ja kooperieren) zum Wettfliegen ein. Setzen Sie einen Preis für den Gewinner aus.

[?] Fragen: Kennen Sie das, wenn die Kinder einfach losrennen? Ohne links und rechts zu schauen? Denken Sie auch, dass Kinder einen Schutzengel haben? Hatten Sie in Ihrer Kindheit einen Schutzengel nötig?

„Wie wäre es mal mit ein paar Turnübungen?“, schlug Karl vor. „Au ja“, sagte Maximilian, „besonders gut bin ich in Dings.“ Mal wieder fehlte ihm das Wort und so machte er ihnen die Übung vor. Er streckte die Flügel geradeaus vom Körper weg und ging leicht in die Knie und kam wieder hoch.

[!] Aktion: Machen Sie die Übung vor – mit geradem Rücken bitte.

[?] Fragen: Wie heißt die Übung? Kann das noch jemand? Wie viele haben Sie in Ihrer Jugend geschafft?

„Ah, Kniebeugen!“, sagte Karl, „los, alle mitmachen. Wer am meisten schafft, bekommt einen Dauerlutscher!“ Die Küken beugten ihre Knie was das Zeug hielt. Benjamin hielt am längsten durch und verschwand glücklich mit seinem Dauerlutscher in der nächsten Ecke. Nun wollten die anderen beiden Küken auch einen Dauerlutscher, schietegal wie. „Was müssen wir tun“, jammerten sie, „damit wir auch einen Dauerlutscher bekommen?“ Maximilian dachte kurz nach und sagte dann: „Ihr könnt mir helfen, die Wegweiser anzumalen.“

[?] Fragen: Wer malt auch gerne? Mit welchen Farben? Haben Sie eine Lieblingsfarbe?

„Ja klar“, riefen die Küken sofort, „das machen wir. Was ist ein Wegweiser?“ „Das ist ein beschriftetes Stück Holz mit einer Pfeilspitze vorne. Diese zeigt die Richtung an, in die es geht. Auf dem Holz wird der Name des Ortes geschrieben. Zum Beispiel geht es hier lang zum alten Brunnen“, sagte Karl und wies in Richtung Osten. „Toll“, sagten die Küken, „aber warum braucht ihr einen Wegweiser? Du kennst doch den Weg.“ „Jaa …“, sagte Karl etwas gedehnt, „aber der Maxi vergisst manchmal den Weg und ich dachte, mit Wegweisern fällt es ihm leichter sich zu erinnern." „Das stimmt", sagte Maximilian, „ich habe auch Freude daran, sie zu bauen. Wir müssen noch einmal schleifen und lackieren. Dabei könnt ihr helfen."

[?] Fragen: Wer hat auch schon einen Wegweiser gebaut? Finden Sie einen Wegweiser auch hilfreich?

[!] Aktion: Zeichnen Sie einen Wegweiser.

[?] Fragen: Wohin soll der Wegweiser zeigen? Können wir auch einen gebrauchen?

[!] Aktion: Bauen Sie gemeinsam einen Wegweiser. Er könnte z. B. den Weg zur Toilette / Bad weisen.

Und so verdienten sich die anderen beiden auch ihren Lutscher. Nachdem die Küken abgeholt waren, sanken Maximilian und Karl auf ihre Stühle. „Schön war's", sagte Karl, „morgen stellen wir die Wegweiser auf." „Ja", sagte Maximilian, „ganz genau, morgen ist auch noch ein Tag."

Rituale und Kuchen

Da Irmchen, Maria, Karl und Maximilian nun sehr dicht beieinander lebten, wurden ihnen auch zunehmend ihre unterschiedlichen Bedürfnisse bewusst. Irmchen zum Beispiel war ein ausgesprochener Langschläfer, Maria dagegen stand immer sehr früh auf.

> Frage: Welches Sprichwort verbirgt sich hier? (Früher Vogel fängt den Wurm.)

Da es dadurch manchmal zu Reibereien kam, beschlossen die vier, sich zusammenzusetzen und darüber zu sprechen. „Am besten“, meinte Irmchen, „erzählt jeder, was für ihn am Tagesablauf wichtig ist. Dann können wir den anderen besser verstehen!“ Alle nickten und waren einverstanden. Irmchen erbot sich, den Anfang zu machen. „Also, ich bin eine Nachteule“, fing sie an zu erzählen, „ich gehe nie vor 24 Uhr ins Bett und stehe niemals vor 10 Uhr auf. Wenn ich aufgestanden bin, dann brauche ich erst mal einen Tee und eine halbe Stunde Ruhe, um richtig aufzuwachen.“

> Fragen: Wer ist auch eine Nachteule? Was ist an der Nacht schön?

„Also ich", sagte Karl, „brauche morgens einen starken Kaffee, schön schwarz. Dann die Zeitung und meine Lesebrille. Eine halbe Stunde Ruhe, damit ich lesen kann, was die Politiker jetzt schon wieder Bekloppptes angestellt haben."

[?] Fragen: Wer liest auch gerne die Zeitung? Wer regt sich über die Politik auf?

„Politik interessiert mich nicht", sagte Maria, „aber ich lasse mir gerne Liebesgeschichten aus der Zeitung vorlesen. Ich stehe gerne früh auf und kann auch gleich losquasseln. Und meinen Kaffee mag ich mit viel Milch."

[?] Fragen: Wie mögen Sie Ihren Kaffee? Wer mag noch Liebesgeschichten? Oder Geschichten von den Reichen und Schönen?

„Und du Maxi?", fragte Irmchen. „Och, für mich kommt das nicht so drauf an", sagte er, „ich kann mich gut anpassen! Bei mir ist das Einschlafen wichtiger. Vor dem Schlafengehen mache ich gerne einen Spaziergang, ganz alleine und in Ruhe, um den Tag ausklingen zu lassen." „Ich kann nicht ohne eine meiner Wolldecken einschlafen", sagte Maria. „Ich schlafe gerne bei leiser Musik ein", gab Irmchen in die Runde, „was brauchst du zum Einschlafen, Karl?" „Eine sichere Wand hinter meinem Rücken, sonst eigentlich nichts", antwortete Karl.

[?] Fragen: Was brauchen Sie zum Einschlafen? Haben Sie ein Lieblingskissen/Decke? Mögen Sie es hell oder dunkel? Laut oder leise?

Dann sprachen sie noch über ihre Essgewohnheiten wie Lieblingsessen, Essenszeiten und Essen, das man gar nicht mag. Als das Gespräch auf Nachtisch und Kuchen kam, wurde die Diskussion lebhaft. „Der beste Nachtisch ist …, ist …, na, ihr wisst schon ‚Dings‘, es ist in einer Schüssel, goldgelb, warm und duftend … ach, wie heißt es gleich …“, stöhnte Maximilian, der sich lebhaft an den Geschmack der Speise erinnerte!

[?] Frage: Na, was meint Maximilian? Vanillepudding!

„Vanillepudding“, sagte Maria, „die Bäuerin stellt im Sommer immer welchen zum Abkühlen vors Küchenfenster. Ich kenne den Duft genau!“ „Haben wir noch nie probiert“, sagten Karl und Irmchen wie aus einem Munde. „Das müssen wir ändern“, meinte Maria zu Maximilian, „heute gibt es für alle zum Nachtisch Vanillepudding.“

[!] Aktion: Lassen Sie eine frische Vanilleschote herumgehen.

Maria wies Maximilian an, ein schönes Feuerchen in der Hofmitte zu entzünden. Dann marschierte sie in Richtung Speisekammer der Bäuerin ab. Kurze Zeit später erschien sie mit Zucker und Puddingpulver. „Ich konnte keine Milch riechen“, sagte sie zu Maximilian, „ist wohl zu gut verpackt.“ „Wir fragen Karl“, sagte Maxi, „der kennt sich aus.“ Natürlich wusste Karl, wo die Milch gelagert war und organisierte im Handumdrehen einen Liter. So kochte Maria in der Hofmitte einen köstlichen Pudding, der unter viel „Ah“ und „Oh“ noch warm verspeist wurde.

> ! Aktion: Kochen Sie gemeinsam einen Vanillepudding.

„Ich kenne etwas“, sagte Karl, „was genauso lecker ist. Schokoladenkuchen! Ein wunderschöner Sonntagskuchen“, seufzte er und verfiel in die Erinnerung an sonntägliche Kaffeerunden. „Bei uns gab es sonntagnachmittags immer Kaffee und Kuchen für die ganze Familie“, erzählte er seinen Freunden, „meine Frau und ich haben immer gerne zusammen gebacken. Aber unser Meisterwerk war immer der Schokoladenkuchen. Von dem blieb niemals ein Krümel übrig. Den hat selbst Tante Hedwig gegessen, und die hatte sonst immer was auszusetzen“, schloss er stolz.

> ? Fragen: Bei wem gab es sonntags auch Kaffee und Kuchen? Gab es einen Lieblingskuchen?

Es kam wie es kommen musste, alle wollten nun unbedingt auch Karls Schokoladenkuchen probieren. Sie mussten Karl nicht lange bitten. Er überdachte die Zutatenliste und verteilte dann die Aufgaben. „Maria, du besorgst uns vier Eier", wies Karl sie an. „Irmchen, du schrubbst die Kuchenform und pinselst sie dick mit Butter ein", sagte Karl zu Irmchen, denn er wusste, dass Irmchen gerne pinselte. „Maximilian und ich gehen ins Dorf und kaufen ein, was wir sonst noch brauchen", schloss Karl und die beiden zogen gleich los.

[?] Fragen: Wer kennt auch ein tolles Rezept? Aufschreiben.

[!] Aktion: Zeigen Sie Rezepte und Fotografien von Kuchen, diese dürfen gerne alt sein.

Am Nachmittag waren alle Zutaten beisammen und die Backform vorbereitet. Karl mischte Mehl, Zucker, Butter, Eier, Kakao und Vanille in einer großen Schüssel zusammen. „Und jetzt das Wichtigste", sagte Karl, „man muss alles sehr gut verkneten." Er knetete wie ein Weltmeister und das sah so aus als würde es Spaß machen. Deshalb wollten alle anderen auch einmal kneten.

[!] Aktion: Alle mal mit den Händen einen imaginären Teig kneten. Pizzabäcker dürfen ihn auch in die Luft werfen!

Das Ergebnis war ein butterweicher Teig. Karl füllte ihn in die Form und verschwand in der Küche der Bäuerin. Schon nach zehn Minuten stieg der erste Duft durch das Küchenfenster. Er lockte Irmchen, Maria und Maximilian sofort an. Sie blieben unter dem Küchenfenster sitzen, bis Karl „Er ist fertig" rief. „Oh, sieht der schön aus", staunte Irmchen. „Oh, was riecht der gut", seufzte Maria und ihr lief das Wasser im Schnabel zusammen. „Der muss erst abkühlen", sagte Karl streng, „warmer Schokoladenkuchen macht Bauchschmerzen." So stellten sie den Kuchen zum Auskühlen vor den Tischlerschuppen. Das blieb nicht lange unbemerkt. Leise, wie die Indianer, hatten sich die vier Küken angeschlichen.

[?] Fragen: Wer konnte auch leise wie ein Indianer schleichen? Kann das heute noch jemand?

[!] Aktion: Vormachen, wie ein Indianer schleicht, wer kann mitmachen?

Maximilian hatte sie aber schon aus dem Augenwinkel wahrgenommen. „Na, ihr Banditen", sagte er, „was wollt ihr?" „Davon was abhaben", sagte Benjamin, das mutigste Küken und zeigte zum Schokoladenkuchen hoch. „Wollen wir ihnen etwas abgeben?", fragte er Karl, und dieser nickte lächelnd. Und so aßen die vier Freunde gemeinsam mit den vier Küken Schokoladenkuchen statt Abendbrot. Es schmeckte allen ganz, ganz wunderbar. Es blieb nicht ein Krümel übrig.

[!] Aktion: Backen Sie gemeinsam einen Schokoladenkuchen.

Als Lore die Küken abholte und sah, dass sie voller Schokoladenkrümel waren, meckerte sie geschlagene zehn Minuten lang. Doch das war heute allen egal, denn Schokoladenkuchen macht glücklich!

Der Garten

Bei allen unterschiedlichen Angewohnheiten waren sich die vier Freunde Irmchen, Maria, Karl und Maximilian in einer Sache einig: Dem Garten. „Wie so ein Garten gut duftet", pflegte Maria zu seufzen. „Wie viele Mäuse in so einem Garten wohnen", seufzte Irmchen genussvoll hinterher.

> [?] Fragen: Wie duftet ein Garten? Hatten Sie einen Garten?
>
> [!] Aktion: Frisch gemähtes Gras herumreichen, riechen lassen.

Maximilian hatte begonnen, eine Gartenbank zu bauen. Karl unterstützte ihn dabei, wo es nur ging. So nahm die Bank schnell Gestalt an, und die vier begannen zu überlegen, wo sie diese aufstellen wollten. „Ich fände einen Platz unter einem Baum gut", sagte Maria, „da ist man bei Regen geschützt." „Ja, und vor zu viel Sonne auch", stimmte Maximilian der Idee zu.

> [?] Fragen: Wer hatte auch eine Gartenbank? Wo stand diese? Andere Lieblingsplätze im Garten?

„Am besten ein Baum, bei dem das Essen von oben einem direkt in den Schnabel fliegt“, träumte Irmchen noch ein bisschen weiter. „Da hab ich eine Idee“, sagte Karl, „wie wär’s mit dem Birnbaum ?! Der hat ein schönes Blätterdach und es fallen einem erstaunlich viele Birnen direkt vor die Füße. Allerdings gibt es eine unheimliche Geschichte rund um diesen Birnbaum …“, fügte er mit gesenkter Stimme hinzu. Irmchen, Maria und Maximilian rückten neugierig näher an Karl heran. „Was ist mit dem Birnbaum ?“, fragte Maximilian Karl. „Er steht auf einem Grab“, flüsterte Karl geheimnisvoll. „Nein“, staunten Irmchen und Maria mit großen Augen. Sie drängten Karl, mehr zu erzählen.

[?] Fragen: Hätten Sie auch gerne einen Baum, von dem das Essen herunterfällt? Welches Essen sollte herunterfallen?

[!] Aktion: Malen Sie gemeinsam einen Baum, dekorieren Sie ihn mit dem Lieblingsessen, z. B. mit Zeitungsausschnitten von Torten, oder gestalten Sie einen Lebensbaum, mit Bildern der Zuhörer in den Zweigen.

„In alten Zeiten“, sagte er, „soll dieser Hof einem reichen Adeligen gehört haben. Dieser hatte ein gutes Herz, und pflegte seinen Reichtum gerne zu teilen. Doch sein Sohn war kaltherzig und geizig. Da ließ sich der Alte eine Birne mit ins Grab legen, auf dass er über seine Lebzeiten hinaus etwas von seinem Reichtum verschenken konnte. Denn aus der Birne wuchs ein stattlicher Birnbaum, der nur zu gerne seine Früchte teilte. Und der steht dort hinten im Garten“, erzählte Karl. „Müssen wir sehen“, riefen die drei anderen wie aus einem Munde. „Es wurde sogar ein Gedicht darüber geschrieben", sagte Karl.

[?] Fragen: Wer erkennt das Gedicht? : „Herr von Ribbeck auf Ribbeck im Havelland" (Theodor Fontane)

[!] Aktion: Tragen Sie das Gedicht vor, den gesamten Text finden Sie im Internet. Laden Sie alle ein mitzusprechen:

„Herr von Ribbeck auf Ribbeck im Havelland,
Ein Birnbaum in seinem Garten stand,
Und kam die goldene Herbsteszeit
Und die Birnen leuchteten weit und breit,
Da stopfte, wenn's Mittag vom Turme scholl,
Der von Ribbeck sich beide Taschen voll,
Und kam in Pantinen ein Junge daher,
So rief er: „Junge, wiste 'ne Beer?"
Und kam ein Mädel, so rief er: „Lütt Dirn,
Kumm man röwer, ick hebb 'ne Birn."

Also zeigte Karl den Birnbaum, der nur wenige Meter vom Tischlerschuppen entfernt stand. Von einem Grab war weit und breit nichts zu sehen, aber der Birnbaum war über und über mit Blüten bedeckt. „Ein perfekter Platz", befand Maximilian. Die anderen nickten, und so hatte die Gartenbank ihren Platz gefunden. Einige Tage später saßen Irmchen und Maria auf ebendieser Bank und unterhielten sich.

[!] Aktion: Bauen Sie eine Gartenbank auf, suchen Sie gemeinsam den schönsten Platz.

„Ich würde gerne ein bisschen mehr aus unserem Garten machen“, sagte Maria zu Irmchen, „weißt du, es gibt so viele Dinge die gut duften!“ „Welche denn zum Beispiel?“, fragte Irmchen. „Als erstes wären da die Kräuter“, erklärte Maria, „sie riechen gut und schmecken gut. Man kann sie essen, frisch oder auch getrocknet. Petersilie ist lecker, Minze duftet frisch, Salbei hilft bei Husten“, ergänzte Maria noch, die sich daran erinnerte, wie Salbeitee schmeckte.

[?] Fragen: Welche Gartenkräuter kennen Sie?

[!] Aktion: Lassen Sie frische Kräuter herumgehen, riechen und schmecken Sie diese.

„Hört sich nach einer ‚duften‘ Idee an“, sagte Irmchen lachend, „ich finde wir sollten die Sache angehen.“ Wie immer, wenn es darum ging etwas zu bauen, wurde als erstes Maximilians Rat eingeholt. Der war gleich Feuer und Flamme für die Idee vom Kräuterbeet. Auch Karl ließ sich begeistern. „Ich übernehme das Umgraben des Beetes“, erklärte er großmütig. „Ich baue den Schneckenzaun und einen Rahmen“, sagte Maximilian, „sonst haben wir nicht lange Freude an den Kräutern.“ „Wir fahren auf den Markt“, sagte Maria, „da gibt es die besten Pflanzen. Irmchen wird mich begleiten.“ Also entstand unweit des Birnbaums ein schöner Kräutergarten.

[!] Aktion: Legen Sie gemeinsam einen Kräutergarten an. Das geht auch in einer kleinen Kiste oder großem Blumentopf. Bestimmen Sie jemanden, der sich um das Beet kümmert.

Da es nun unter und um den Birnbaum wunderbar duftete, zog er viele Besucher an. So scheuchte das Huhn Lore die vier Küken durch das Kräuterbeet, damit sie etwas über Kräuterkunde erfuhren.

[!] Aktion: Laden Sie den Kindergarten zur Kräuterkunde ein.

Die Gemeindeschwester kam und fragte, ob sie ihre Heilkräuter mit in das schöne Beet setzen dürfte. Die Katze Pauline kam spätabends, um von dem Schnittlauch zu naschen, leugnete aber hartnäckig, etwas mit dem Verschwinden des Schnittlauches zu tun zu haben. Selbst der aufgeblasene Gockel kam auf der Bank unter dem Birnbaum zur Ruhe, aber erst nachdem er einen Vortrag über den Einfluss des Wetters auf das Gärtnern gehalten hatte.

[?] Fragen: Kommen auch Sie im Garten zur Ruhe? Haben Sie auch heimlich aus den Beeten genascht, damals als Sie ein Kind waren?

Der Brauereihund Arno hatte aus den Kräutern einen Kräuterlikör aufgesetzt. Den probierten Irmchen, Maria, Karl und Maximilian gemeinsam mit ihm. Und waren sich anschließend darüber einig: „Eine bessere Idee als diesen Kräutergarten haben wir selten gehabt!"

Die Berge

Eines Nachmittags saßen Irmchen, Maria, Maximilian und Karl unter ihrem Birnbaum, als die Nichte von Maria erschien. Sie war ein wenig außer Atem und musste sich erst einmal setzen. „Na“, sagte Maria, „schön, dass du uns besuchen kommst. Wo hast du denn deinen Mann gelassen?“ Marias Nichte, inzwischen wieder zu Atem gekommen, antwortete: „Der ist zum Bergsteigen aufgebrochen. Er hat gesagt, Bergsteigen sei nur etwas für echte Männer. Sehr gefährlich … und so weiter. Da bin ich gerne zu Hause geblieben. Ich bin kein Typ für gefährliche Abenteuer.“

[?] Fragen: Ist Bergsteigen was für echte Männer? Gegenteilige Meinungen? Wer ging auch zum Bergsteigen? Wer hat einen großen Berg bezwungen?

[!] Aktion: Alle die Arme strecken und anzeigen, wie hoch der höchste Berg war, den man jemals bezwungen hat.

„Also sowas“, sagte Maximilian empört, „bei uns im Süden gibt es ja eine Menge Berge. Und da habe ich viele Frauen getroffen“, fügte er hinzu. „Erzähl uns was aus den Bergen, Maxi“, bat Maria, „ich war noch nie dort.“ „Die Berge“, fing Maximilian an zu erzählen, „sind ein Traum.

In den Bergtälern und an den Berghängen gibt es wunderschöne Naturwiesen. Bei uns heißt das Alm. Auf den Almen weiden die Kühe im Sommer. Weil auf den Almen die schönsten Blumen und saftigsten Kräuter wachsen, geben unsere Kühe die allerbeste Milch."

> [?] Fragen: Wer hat auch schon einmal gute Milch von der Alm getrunken? Schmeckt sie wirklich besser als andere Milch? Wer hat schon mal eine Almwiese gesehen?
>
> [!] Aktion: Schauen Sie gemeinsam Fotos von Almwiesen und Almblumen an. Diese dürfen gerne alt sein.

„Im Winter sind die Almen von Schnee bedeckt und alle fahren mit ‚Dings' rum …" endete Maximilian, dem das Wort entfallen war. Er wusste sich wie üblich zu helfen, indem er aufstand, die Flügel von sich streckte und zwei imaginäre Stöcke in die Hand nahm. Dann ging er leicht in die Hocke. „Solche langen, na ihr wisst schon …", sagte Maximilian.

> [?] Fragen: Was meint Maximilian? Skier.

„Ach Skier meinst du", rief Karl. „Ja, das ist ein toller Spaß. Aber als junger Hund bin ich auch gerne Schlitten gefahren. Ich liebe es, wenn meine Ohren fliegen", ergänzte er noch.

[?] Fragen: Ist auch jemand gerne Ski gefahren? Oder lieber Schlitten? Wer hat am Wettrodeln teilgenommen? Oder sich einen Schlitten selbst gebaut?

„Du warst auch schon in den Bergen?", fragte Maria Karl. „Ja", sagte Karl, „der Bauer und seine Frau haben mich mal mitgenommen in den Skiurlaub. Mir haben die Wälder in den Bergen gut gefallen. Und die Bergseen. Die sind so herrlich klar. Das Wasser dort schmeckt überhaupt sehr gut." „Die Bergseen", sagte Maximilian, „an die erinnere ich mich besonders gerne zurück. Dort bin ich als junger Uhu immer mit meinen Freunden schwimmen gegangen. Von einem Felsen aus haben wir immer Kopfsprung geübt. Das war ganz schön gefährlich."

[?] Fragen: Wer geht auch gerne schwimmen? Wo am liebsten? See, Meer, Schwimmbad? Wer würde mal wieder gerne schwimmen gehen?

[!] Aktion: Planen Sie einen gemeinsamen Schwimmausflug.

„Irmchen, du bist ja so still", stellte Maria fest, „warst du auch schon in den Bergen?" „Ja, das war ich", antwortete Irmchen, „und das liegt sehr lange zurück. Ich habe mich gerade daran erinnert, denn dort war es auch gefährlich." Die drei Freunde und Marias Nichte machten neugierige Gesichter. „Erzählst du uns von deinem Abenteuer?", fragte Maria. Irmchen, die sich wieder gesammelt hatte, fing an zu erzählen. „Ich hatte beschlossen, in den Süden Europas zu fliegen. In einem Buch hatte ich über die alte römische Kultur gelesen und dort auf den Bildern gesehen, dass es noch viele Ruinen gibt. Das fand ich so spannend, dass ich beschloss, es mir anzusehen."

> Fragen: Wer hat auch Fernreisen unternommen? Wohin? Auf den Spuren von alten Kulturen? Oder doch lieber entspannen am Strand?

„Ich landete auf einem Berg in etwa 1500 Metern Höhe. Ich wusste, dass die Römer auf diesem Berg eine Stadt errichtet hatten, und dass die Ruinen noch stehen. Genauso war es auch. Ich schaute mir alte Brunnen und Mauern an, fand alte Sarkophage – es war alles sehr spannend." Irmchens Miene verfinsterte sich. Sie erzählte weiter: „Ich saß gerade im alten Amphitheater, als ich die ersten dunklen Nebelschwaden aufwallen sah. Innerhalb von Minuten wurde der Himmel dunkel und ein gewaltiger Sturm kam auf. Noch nie habe ich so schnell einen Sturm aufziehen sehen. An wegfliegen war nicht mehr zu denken. Sekunden später grollten auch schon die ersten Donner."

> Fragen: Wer hat auch schon einmal ein Gewitter in den Bergen erlebt? Oder einen gewaltigen Sturm? Kann jemand über ein Unwetter berichten, welches er erlebt hat?

„Oh nein, ein Gewitter“, rief Maria, die sich sehr vor Gewittern fürchtete. „Ja“, sagte Irmchen, „ich hatte noch die Möglichkeit, mich in einem umgestürzten Sarkophag zu verstecken, bis die ersten Blitze loskrachten. Es war unglaublich laut, denn die Donner kamen von den Bergen als Echo zurück. Ich hab ganz schön gebibbert“, gab Irmchen zu. „Das Wetter in den Bergen kann schnell umschlagen“, sagte Maximilian, „da muss man immer gut aufpassen.“ „Das weiß ich seit diesem Erlebnis auch“, antwortete Irmchen.

> Fragen: Fürchten Sie sich vor Gewitter? Was machen Sie dann? Was hilft gegen die Furcht?

Da kam die Katze Pauline zum Birnbaum hinübergeschlendert. „Hallo“, begrüßten sich alle miteinander, „was macht ihr gerade?“ „Wir erzählen uns Geschichten aus den Bergen“, antwortete Maria. „Wie kommt ihr darauf?“, fragte Pauline. „Weil der Mann meiner Nichte zum Bergsteigen aufgebrochen ist“, gab Maria zurück. Pauline setzte sich lachend hin. „Was, der aufgeblasene Gockel?“, rief sie lachend, „der besteigt doch höchstens einen Misthaufen. Entschuldigung“, sagte sie lachend zu Marias Nichte, „nichts für ungut.“ „Ich weiß, ich weiß“, räumte Marias Nichte ein, „er neigt gelegentlich etwas zum Übertreiben.“ Daraufhin fingen alle an zu lachen. Um die Situation etwas zu entschärfen, fragte Maria: „Und Pauline, warst du auch schon in den Bergen?“ „Nein“, sagte Pauline, „in den Bergen gibt es zu wenig Fisch. Für mich kommt nur die See in Frage.“

> Fragen: Was ist Ihr Favorit? Die Berge oder die See?
>
> Aktion: Schauen Sie gemeinsam alte Urlaubsfotos an.

„Stimmt nicht mit dem Fisch“, warf Maximilian ein, „in den Bergen gibt es tollen Fisch. Zum Beispiel köstliche Bachforellen. Davon müsste mal wieder eine auf den Grill ...“, fügte er noch leicht verträumt hinzu. „Tja, ja“, meinte Karl, „ob Berge oder See, das ist eine reine Geschmacksfrage. Am schönsten ist es sowieso zu Hause.“

> Fragen: Hat Karl Recht? Was ist so schön an Zuhause? Wer macht auch am liebsten Urlaub auf Balkonien?

Dieser Aussage konnten alle uneingeschränkt zustimmen. „Zu Hause ist es vertraut“, sagte Karl, „man fühlt sich wohl und sicher.“ „Das stimmt“, sagte Maximilian, „zu Hause ist kein Ort. Zu Hause ist da, wo man sich geliebt fühlt. Und hier fühle ich mich richtig zu Hause“, schloss er.

Leseprobe

Leseprobe

Erich Schützendorf

Vergesslich, störrisch, undankbar?

Demente Angehörige liebevoll pflegen

Karin kann nicht mehr

In zwei Monaten hat Peter Geburtstag, er wird 60 Jahre. Er hat sich vorgenommen, ein großes Fest zu feiern. Die ersten Vorbereitungen sind getroffen, überall hat Peter angekündigt, dass er „ein Fass aufmachen" will. Das Haus wird voller Gäste sein – und Mutter dazwischen. Ob das gut gehen wird? Peter hat Bedenken und würde Mutter lieber für ein paar Tage in die Kurzzeitpflege bringen. Karin ist dagegen.

„Mutter gehört wie jeder andere zur Familie. Wer Mutter nicht sehen will, soll eben wegbleiben."
„Es geht doch um dich", besänftigt Peter, „du sollst das Fest doch auch genießen und nicht nur Arbeit haben."
„Dein alter Herr kommt ja auch, und der ist ebenfalls nicht ganz einfach."
„Bitte, Karin, mein Vater ist ein bisschen bescheuert in seinen Ansichten, aber er ist nicht verrückt."
„Und wo ist der Unterschied?", ereifert sich Karin. „Mutter bleibt hier. Ich werde dafür sorgen, dass sie nicht stört."

Die Vorbereitungen zu Peters großem Fest laufen auf Hochtouren. Plötzlich, während eines Telefongesprächs, hat Karin ein Rauschen im Ohr. Das Rauschen geht nicht mehr weg. Es wird stärker und ihr wird schwindelig. Was ist los?! Alles dreht sich. Sie hört kaum noch etwas, alles wie durch Watte. Das fehlt noch. Sie schafft es gerade noch, sich zu entschuldigen, und legt den Hörer auf.

Das Durcheinander in ihrem Kopf macht sie wahnsinnig. Peter meint, damit sei nicht zu spaßen, er habe gehört, dass dies gefährlich sein könne.

„Am besten, wir fahren sofort zu Dr. Müller."
„Und Mutter?"
„Die schließ ich solange in ihr Zimmer ein."
Dr. Müller stellt bei Karin einen Hörsturz fest und verordnet absolute Ruhe.
„Ruhe? Wie soll das gehen?"
„Es muss gehen", sagt der Arzt.

Karin beginnt zu weinen und kann nicht mehr aufhören. Auch Peter kann sie nicht beruhigen. Der Arzt nimmt ihn zur Seite und schlägt vor, Karin ins Krankenhaus zu bringen. Er gehe von einer Überlastungsreaktion aus, nach all den Belastungen in letzter Zeit. Peter sieht das genauso und überzeugt Karin, wenigstens für ein paar Tage ins Krankenhaus zu gehen. Seine Geburtstagsfeier ist ihm zwar wichtig, aber Karins Gesundheit geht vor. Nur gut, dass er Urlaub hat.

Peter sitzt an Karins Krankenbett. Sie ist eingeschlafen. Seine Frau im Krankenhaus, zu Hause eine demente Schwiegermutter und den 60. Geburtstag vor der Tür. Peter fühlt sich miserabel. Schlimmer konnte es nicht kommen.

„Nur nicht hängen lassen", sagt er sich, „Probleme sind dazu da, gelöst zu werden."

Noch am Krankenbett legt er sich einen Plan zurecht. Er muss nach Hause, um zu telefonieren. Susanne und Andreas anrufen, Helmut auch, der muss sich jetzt mit kümmern. Den Gästen absagen, das können die Kinder. Essen und Getränke müssen abbestellt werden. Was das kostet! Der Pflegedienst muss wieder kommen.

Die nächsten Tage sind voller Hektik und Aufregung. Die Unruhe überträgt sich auf Frau Bach. Manchmal ruft sie bis zur Erschöpfung nach Karin. Sie verweigert das Essen und die Einnahme der Medikamente, wehrt sich, wenn man sie waschen will. Alle sind nervös und wünschen sich Karin bald wieder nach Hause.

Auf Anraten des Krankenhausarztes soll Karin sofort nach der Entlassung zur Rehabilitation. Auch das noch. Nun gut. Peter kann, nachdem er seinem Chef die Situation erklärt hat, seinen Urlaub verlängern. Drei Wochen wird er es wohl mit Mutter schaffen, wenn der Pflegedienst ihm hilft. Karin soll sich keine Sorgen machen und sich in der Reha erholen.

Eines Morgens beim Waschen entdeckt die Pflegerin blaue Flecken an Frau Bachs Oberarmen. Sie wundert sich. Peter sagt, Mutter sei gefallen.

„Das sieht aber eher so aus, als hätte da jemand kräftig zugepackt."
Peter rechtfertigt sich. Was hätte er tun sollen? Mutter hätte fürchterlich gestunken, aber sie wollte sich die Einlage nicht wegnehmen lassen.
„Na ja", meint die Pflegerin, „warten Sie lieber das nächste Mal, bis ich komme." Sie schreibt ihre Beobachtung in die Dokumentationsmappe.
„Muss das sein?", fragt Peter.
Später erzählt er Susanne, er hätte bei Oma einfach die Nerven verloren und sei ausgerastet.
„So, wie jetzt, kann ich nicht weiterleben."

Beide beschließen, Karin nichts zu erzählen.